企业基因

CORPORATE GENE

徐淼◎著

中国纺织出版社有限公司

内容提要

现代企业管理已经不再局限于管理学一门科学，而是横跨多学科的综合性科学。本书作者在综合企业管理学、组织行为学、消费心理学和广告营销学等多学科的基础上，研发“企业基因”理论，将整个企业管理拆分为产品、团队、营销、渠道、资金五大企业基因，同时辅以百余家企业管理的成功案例，在夯实理论基础的前提下，加入充分的实际分析，内容深刻而生动，使五大基因共同构成企业管理的五大系统，相互协调、相互支撑，共同作用于现代企业经营管理。

图书在版编目（CIP）数据

企业基因 / 徐淼著. --北京：中国纺织出版社有限公司，2020. 6

ISBN 978-7-5180-7362-7

Ⅰ. ①企… Ⅱ. ①徐… Ⅲ. ①企业管理-研究 Ⅳ. ①F272

中国版本图书馆 CIP 数据核字（2020）第 075936 号

策划编辑：史　岩　　责任校对：王花妮　　责任印制：储志伟

中国纺织出版社有限公司出版发行

地址：北京市朝阳区百子湾东里 A407 号楼　邮政编码：100124

销售电话：010—67004422　传真：010—87155801

http：//www.c-textilep.com

中国纺织出版社天猫旗舰店

官方微博 http://weibo.com/2119887771

天津千鹤文化传播有限公司印刷　各地新华书店经销

2020 年 6 月第 1 版第 1 次印刷

开本：710 × 1000　1/16　印张：13

字数：137 千字　定价：48.00 元

推荐序

多年来，徐淼一直都热心公益。9年前，他给家乡修了一条公路，连通外部世界；截至目前，他共捐助169位小学生、残疾人、贫困儿童、留守儿童，直至他们读完大学。徐淼是一个普通人，他的个人成长轨迹着实令人钦佩。

他从一枚草根逆袭成为企业知名导师，仅用了6年时间；

他纵横商海，帮助无数企业家实现了“自动化”运转；

他任性跨界，重新定义“80后新生代商业领袖”内涵；

他是培训界杀出的一匹黑马；

他是“企业基因”的创始人。

历经14年时间的学习，16年商战的沉淀，让他成功跻身于国内一线培训讲师的行列，荣耀成为中国商业思想家。

他开创了“企业基因”，为无数企业实现了“企业自动运转”，为无数企业拉近了老板和员工的距离，从立场转换到目标管理，从感恩文化到执行使命，引爆了无数员工的战斗力。

他开创了“营销的原点”，为无数企业演绎了狂销热卖、顺势突围的奇迹；他从人性、服务、营销等视角，深度解析了业绩暴涨的成功秘密。

他开创了“收钱为王”，为无数员工点醒了内心强大的自己，从人性的角度嫁接了营销的基因，用全新的模式颠覆了你的收钱能力。

他开创了“中国式股权设计”，为上万家民营企业解决了薪酬机制、人才机制及资金渠道，实现了企业的自动化运转。

他用自己的成功经历和信念诠释了“不抛弃、不放弃”的核心真理；

他用精彩的人生和成果呈现了“跟对人，做对事”的人生真谛；

在讲台上，他一次又一次传播着“企业基因”的商业智慧；

在生活中，他一次又一次助力中小企业成就梦想奇迹。

——微软（中国）CTO 韦青

自序

看《企业基因》，让你的企业冲上云霄！

这本书，是我创作的第五本书，也是我奋斗20多年的一个里程碑。它不仅讲述了我的人生经历，还是学员甚至徒弟圆梦的一个平台！这是一本感恩的书，更是一本反馈的书。我之所以要写这本书，是因为从20岁开始，我都在学习并运用“演说”和“营销”改变自己的人生，这不仅提高了我的公众演说及销售能力，也彻底改变了我的人生。所以，我要激励、影响、帮助别人学习它。

我们伟大的时代创造了中国最快的成功商业模式。我们通过《企业基因》系统建立了全球最强的企业系统，我们的梦想是要以最快的速度培养2000位超级演说家及营销高手，并最终将团队成交金额提高到百万元、千万元。

那么，在实践中我们又会遇到很多实际的问题需要解决，譬如，如何才能对自己所说的话坚定不移？如何才能让别人对你说的话坚信不疑？如何先相信再培养自信及创造信任？我们深信，只有我们有资格建立这个系统，也只有我们愿意把这一切的秘诀教给大家！

今天，我拥有的一切，起源于我晦暗的青春。小学时，我是全班最爱讲话、最调皮、被老师处罚最多的学生；青春期，我的成绩很不理想，为了读完高中，我整个高中三年都利用业余时间拉人力三轮车积攒学杂费。其间我被心中的女神抛弃，我的生命犹如一片被阳光烤焦飘落的叶子……当时我就是一个没有梦想、没有自信，也不会赚大钱的普通人，那时候没有一个人觉得我长大后会出人头地，我也曾深深为自己糟糕透顶的现状而精神抑郁。

在15岁那年，我问了自己两个问题：为什么我的爸爸妈妈没有经过我的同意就把我生下来？我来到这个世界究竟是为了什么？当时，我当然是得不到答案的，我看不到未来，以至于在接下来的连续两年时间里我将自己封闭在房间里，足不出户填词写诗。在那段时间，我晚上总会被噩梦惊醒，日子过得浑浑噩噩……直到改变我命运的一件事情发生为止。

那是一个偶然的机会，我听了一场演讲。当演说家问道："你相信一场演讲能让你的生命像魔术般地改变吗？你知道你比想象中要更伟大吗？"当时我的心就如同被闪电击中，心中立刻就出现了一个声音："我要成为一位真正的演说家！"

经过多年的努力，我学会了演说，超越了自己的人生极限，多年前的梦想也多半一一实现。是谁铸就了我？是教我学会"演讲"的老师们！是协助我完成《企业基因》的几个经典课程的团队！是他们成就了今天的我，在此我要借此机会列出我的感谢清单，感恩每一个帮助我的贵人。

首先，我要感谢我的父亲。父亲用严厉教会我如何做人，让我知道什么叫作专心及用心；他教会我如何写讲稿、如何把事情做到极致、如何用一生去影响他人。

我要感谢演讲艺术家彭清一老师，是他教会了我做人做事的哲学，教会了我什么叫作激情、什么叫作梦想，以及如何用激情去成就伟大的梦想。

我要感谢经济学家郎咸平老师，是他教会了我什么叫作商业、什么叫作金融、什么叫作实业、什么叫作商业模式，以及如何做到产融结合、赋能实地经济，帮助他人，成就自己！

我要感谢陈安之老师，是他教会了我什么叫作成功的定义，以及怎样找到自己人生的使命。从他身上我学到了怎样将舞台魅力发挥到极致，以及首席演说家应有的穿着品位，更为重要的是他让我认识了世界潜能激励大师、世界成功导师、世界潜能开发大师安东尼·罗宾。

我要感谢安东尼·罗宾，是他教会了我如何开发运用自己的潜能，如何长久地保持巅峰状态，如何彻底地掌握自己的情绪，如何拥有世界级的标准。更重要的是，他教会了我什么叫作感恩和爱。

我要感谢“领导力”大师约翰·麦斯威尔，是他教会我如何思考，如何深度地领导自己，如何领导团队，如何问出生命中最好的问题，如何持续不断地成长……他的“你的成就绝对不会超过你的领导力！”给我留下极深的印象，能参与他的领导力训练，真是三生有幸。

我要感谢股神巴菲特，他教会我成功最重要的三原则：诚实正直、聪明才智、努力工作及如何运用复利滚出巨大的财富！

我要感谢金徐凯、吕发会、沈建兴、甘才亮、徐洪智、徐蕾、江丽、陈龙、王鸣、潘卫青、李玉保、黄光利、杨勇、王国杰、周天龙及张牡丹等老师，是他们教会了我什么叫作淡定、什么叫作不计较、什么叫作对教育培训的热情。

我要感谢“北京亿进强”“亿何腾酒业”“遵义市光华学校”“盛世电梯”“金禾餐饮”“湖北运鸿”“北京祥天”“托嘎”，以及“北京黄光利中医研究院”的全体团队，大家一起面对危机和挑战，无论在任何情况下，都展现了团结一致的精神。例如，在《企业基因》《数字革命》《营销的原点》《中国式股权设计》等课程中，都已经出现了太多的奇迹。衷心感谢每一期来自全国各地的爱心助教们，感谢一路来相挺的贵人、恩人们！

我要感谢金欧莱、心相印、拼多多、麦肯基、中国平安、红杉资本、盛世电梯、金禾餐饮、六个核桃、三只松鼠、内蒙融丰、北京祥天、荷兰SHELL（壳牌）、湖北运鸿、北京恒昌等无数梦想赞助商。

我要感谢康佳集团、天津恒兴、华夏基金、东风雪铁龙、北京华联、五菱集团、北京美廉美、奇瑞汽车、南方电网、黎明网络、中兴通讯、华为集团、富士康、七匹狼、意尔康、华平投资等诸位贵人……这些贵人都是我生命中的奇迹。正是因为众人的支持，才让更多的中国人站上了世界舞台，让全世界听到了中国人的声音。

感谢宇宙听到了我们的声音！

古人云：“书中自有黄金屋。”我保证，每个读者都会享受商业和生活的艺术、乐趣和清福。该书为大家无私分享了诸多实操成功的产品系统，团队系统、营销系统、渠道系统及资金系统。这些秘诀一定能够协助大家实现梦想。到2016年年底，我们已经举办很多课程，影响、帮助了很多人，我们要在20年内帮助1000万家中小企业成长并学会运用《企业基因》中的基本原理。

我们的理想不是赚大钱，也不是不赚钱，只是在帮助别人的同时赚点小钱；我要做更多的研发，创造更好的产品，为客户提供更好的服务。专业的营销水平是我们赚钱的根本，专业的产品和服务是我们的命根，我们不会为了钱而舍弃：我们要实现客户、员工、企业和社会的多赢——这是我的公众承诺！

徐森

2020年5月1日写于北京

前言

企业的发展在于什么？

孙子曰："兵（赚钱）者，国（企业）之大事，死生之地，存亡之道，不可不察也。故经之以五事，校之以计，而索其情：一曰道（渠道），二曰天（客户），三曰地（产品），四曰将（团队），五曰法（营销）。凡此五者，将（老板）莫不闻，知之者胜，不知之者不胜。"

100多年前，德国化学家李比稀研究发现：植物生长需要碳酸、氨、氧化镁、磷、硝酸及钾钾、钠和铁化合物等无机物，如果缺少任何一种元素，即使其他元素再充足，也无法生长，只有稀有元素全部具备，才能茁壮成长，基于这个原理，研究出了化肥，从此农作物有了高收成！

我发现，企业在发展过程中需求团队、产品、营销、渠道、资金、客户等系统，任何一个系统出了问题，企业都无法顺利发展，只有几大系统相互协调、相互支撑，企业才能自动运转，业绩暴涨！

古希腊神话传说中的普罗米修斯盗取了圣火，把光明带到了人间，而我则把彻底解决企业发展"瓶颈"的方法带给了中国所有的企业家！作者历时17年，走访全球20多个国家，跑遍国内30多个省份，阅读了2000多本书籍，聆听了100多位世界级培训大师的课程，深入研究了102家世界500强企业，拜访超过1000位企业领袖，并结合自己35年的人生经历，最终研发出了一套企业经营管理课程。

→它囊括了全球最顶尖的企业管理学、组织行为学、消费心理学和广告营销学；

→它揭秘了军队组织超强执行力的组织架构；

→它爆料了华尔街金融组织快速赚钱的商业模式；

→它披露了苹果手机快速占领全球市场的营销策略；

→它帮助无数企业实现了业绩暴涨、老板身心解放。

这套企业管理方法主要解决企业发展过程中的五大难题：

1.产品（项目）没有杀伤力，不好卖，如何让产品（项目）卖得更好；

2.团队无激情，没状态，无执行力，如何打造好团队、管理好员工；

3.营销跟不上，如何打造公司自动运营系统；

4.渠道不给力，业绩不理想，如何提升业绩、发展渠道；

5.资金“瓶颈”，三角债务严重，资金链随时会断裂，如何解决发展中遇到的资金难题。

这套管理方法，是作者总结出来的最系统的经营管理方法。使用这套方法，企业就能少走弯路，实现业绩暴涨，实现身心的自由！

徐森

2020年3月

目 录

基因一　产品系统：解决卖什么的问题

◎ 第一章　打造好产品　_02

一、没有调研，就没有发言权　_02

二、用“乔布斯产品创意法”来开发新产品　_06

三、起个好名字，等于成功了一半　_10

四、要想让用户喜欢，就要重视产品包装　_13

五、实现产品的价值创新　_15

六、卖产品不如卖服务　_17

七、在产品开发中设置“防火墙”，永远避开竞争　_20

◎ 第二章　制订好价格　_25

一、“薄利多销”，是错误的观念　_25

二、在市场上有两个“傻瓜”　_27

三、从客户心理学入手，制订合理的价格　_30

基因二　团队系统：解决谁来卖的问题

◎ 第三章　设定优秀团队标准　_40

一、没有忠诚，能力再大也无足轻重　_40

二、团队做大的标准是让员工先富起来　_43

三、优秀员工都有紧迫感　_47

四、薪酬分配：薪是钱，酬是爱　_50

五、用晋升机制，让员工看到希望　_53

◎ 第四章　规范团队打造法则　_58

一、用“刘邦的帝王之术”将天下英才一网打尽　_58

二、用“西点军校的特种兵速成训练法”，将新员工内训练成特种兵　_63

三、用“铁三角法则”，将一盘散沙的团队凝聚成无坚不摧的虎狼之师　_65

基因三　营销系统：解决如何卖的问题

◎ 第五章　用广告促进宣传推广　_70

一、对谁说？——找到目标客户　_70

二、如何说？——多些创意　_73

三、在哪里说，说多少次？ _76

四、最后的效果如何 _79

◎ 第六章 用正确的模式将钱收回来 _84

一、收钱的商业模式 _84

二、从战略角度，分析盈利模式 _94

◎ 第七章 别样的营销方法 _98

一、用“必成交的营销高压锅”，把陌生客户煮成快速掏钱的大客户 _98

二、用“小米参与营销法”，为企业插上互联网的翅膀 _102

三、用“好莱坞电影造势法”，吸引足够的注意力 _106

基因四 渠道系统：解决在哪卖的问题

◎ 第八章 选择合适的营销渠道 _112

一、销售人员直销 _112

二、电话直销 _115

三、网络直销 _118

四、电视购物 _122

五、资料库营销 _125

◎ 第九章　传统渠道招商　_129

一、先做样板市场　_129

二、广告造势　_133

三、举办展会　_139

四、网络招商　_144

五、制造大品牌形象　_146

◎ 第十章　创新招商方法　_149

一、用“傍大款策略”，整合不同行业的联盟商　_149

二、建立激励机制　_152

三、用“史玉柱的脑白金逆向营销法”，让产品立刻走红　_153

基因五　资金系统：解决谁支持的问题

◎ 第十一章　设定融资方案　_158

一、写一份吸引人的商业计划书　_158

二、做个估值，看看自己的股权值多少　_162

三、会路演，融资就会容易很多　_166

四、找对投资者才是关键　_169

五、别因融资丢失了自己的控制权　_172

六、不要让信用影响了融资　_174

◎ 第十二章　跟名企学融资　_179

一、用“比尔·盖茨期权融资法”，锁定员工和客户　_179

二、用“麦当劳连锁复制法”，让别人心甘情愿地免费供你使用　_184

三、用“华尔街复利倍增法”，让生意以 2 倍以上的速度增长　_186

◎ 后记　_189

基因一

产品系统：解决卖什么的问题

产品系统解决的是卖什么的问题，即产品（项目）没有杀伤力，不好卖，如何让产品（项目）更好卖。

第一章　打造好产品

一、没有调研，就没有发言权

要想从零开始把一个产品做出来，将产品做好做强，首先就要回答这样的问题："产品能够解决什么问题""什么人可以解决该问题"？这两个问题回答了商业模式中"价值创造"的基本思路，是产品的起点。两个问题的答案也许不太清晰，但一定要随着工作的开展而不断深入，并在整个团队中得到贯彻执行。

企业在真正开启一个全新的产品时，一定要树立一个基本概念：产品的成功，依赖于萌芽阶段的定义！特别是当企业被授权启动一个新产品或新项目时，需要考虑的因素更多，比如：市场环境、竞争状况、商业模式……只有经过缜密的论证，才能得出真正具备可行性的产品目标。

如此，调研，也就成了必须完成的工作。

新产品开发之所以很费劲，首先就在于无法定义、无法准确、有效地把握市场机会，无法找准切入点。

战争时期，一条信息可能关乎成千上万人的生死、关乎全局的成败，对产品来说，信息也同样重要。通过调研获取市场信息，决定着整个产品的最终市场结果。

1.产品调研的内容

（1）政策法规调研。政策法规是企业的第一大风险，需要调研的内容主要有：法律法规、产业政策、税收政策和金融政策等。

（2）竞争对手调研。知己知彼 ，百战不殆，竞争对手调研内容主要有：对手的优势和劣势、对手的组织架构、对手的核心团队、对手的产品状况、对手的管理手段、对手的营销手段、对手的客户资源、对手的最新动态、对手的成功经验、对手的财务数据等。

对手调研的渠道主要有：对手网站、媒体报道、对手的员工、对手的顾客、对手的上下游供应商、行业协会、市场调研公司、律师事务所、对手的熟人或亲属、厂家博览会或展会等。

（3）产品调研。主要是做市场容量分析，从总量、速度和趋势等方面进行产品细分，比如：①行业：是大众，还是小众？②功能：产品功能能否满足用户需求？③消费档次：是高档市场、中档市场，还是低档市场？

（4）客户调研。主要关注两点，即谁是你的客户？他们的需求是什么？需要考虑以下因素。①地理区域：省、市、区、县；②人口细分：年龄、性别、家庭、教育；③行为细分：购买动机、环境、购买方式；④消费心理：个性、收入、生活方式。

需要注意的是，目标客户的定位决定了产品、价格、渠道和推广方式，要将30%以上的时间都花在客户身上。

可以通过以下10个问题来明确客户：

（1）客户购买的好处是什么？

（2）在何处购买？何处使用？

（3）在何时购买？何时使用？

（4）客户对价格的承受度。

（5）客户对品质的期望。

（6）客户对服务的期望。

（7）购买时是单独，还是与他人在一起？

（8）购买频率如何？

（9）客户购买的传播诱因。

（10）未来为三年，以上问题会发生怎样的变化？

2.产品调研方法

要想做好产品调研，就要做好下面几方面的分析：

（1）行业分析。只有做好行业分析，才能根据特定市场的规模、构成、特性、趋势和增长情况，对该领域的盈利能力和盈利规模做出预测。行业过于小众，天花板太低，无论如何努力，容量也是固定的。对此，首先要明晰此行业能不能赚钱、能赚多少钱，以及怎么赚钱的问题。当然，最好的情况是，细分市场足够大且有利可图、通过自身经营可高效触达。

针对行业市场的分析，还要深入考虑自然、经济、人口、社会、文化、技术、政治、法律等大的宏观环境影响，更要理解这些大环境对产品的实际影响。

（2）产品分析。所谓产品分析就是市场的竞争分析。首先要考虑的是，各潜在竞品的优劣势和产品之间的关系，还包括可能的机会、现有产品的占有情况，以及各个产品的增长预测。

从市场营销学的角度来划分，竞争者通常包括以下4大类，如表1-1所示。

表1-1　竞争者类别

类别	说明	举例
品牌竞争者	能满足用户某种需要的品牌竞争	苹果手机和华为手机
愿望竞争者	满足用户各种需求"愿望"的竞争	用户想买电视又想买冰箱，就是需求愿望的竞争
品类竞争者	提供不同的产品、解决用户的某种需求的竞争	比如：高铁和飞机就属于这种竞争
产品形式竞争者	满足某种需求的不同产品形态，包括：产品在质量、价格等维度的竞争	比如，曲面电视就属于产品形态上的竞争

产品优劣势分析，最终的目的是搞清楚产品门槛、选准进入的时机。

（3）用户分析。产品都是为"用户"提供服务的，向市场推出新产品的重要步骤就是找准用户及用户的真正痛点。很多企业之所以会折戟沉沙，就是因为在这一点上出现了偏差，导致最终产品失败。

用户分析通常包括下述几个维度：目标用户及群体特质；应用场景及痛点、痒点；目前的解决方案及不足；用户的期望方案。

用户分析的根本宗旨是想办法为产品圈定足够大的用户群体，不能试图对所有人推出普适性的产品。

（4）可行性与风险。市场很大，这就要求制定可行性报告，既要充分考虑到技术、成本的可行性，也要充分估算目前的形势和环境，要意识到哪些是短期内可行性的、哪些是需要长期规划的、哪些东西利用现有资源就能拿下、哪些东西需要投入更多的成本，甚至还要引入第三方共同开发的。

这些内容一般都隐藏得很深，也是很多产品启动时最容易忽略的工作。对这些工作如果没有引起足够的重视，轻视风险，会对整个产品带来不可估量的影响。因此，在启动全新的产品时，要充分意识到各种可能的偏差，特别是盈利能力的偏差和产品价值的偏差。一旦发现赚钱能力尚未成熟，就要尽快找到具有盈利能力的想象空间。

二、用“乔布斯产品创意法”来开发新产品

苹果爆品级的产品iPhone、iPad、iPod等吸引了无数消费者的眼球，乔布斯也因此被誉为“苹果之父”。

为了体现产品“所见即所得”的完美思路，苹果对设计师提出了极高的要求，而解决办法就是：将设计团队每周两次会议上得到的最好想法交给领导，由他们决定；选中之后，通过无懈可击的设计来升级。如此，该产品在设计完成之后，它就不再是一匹“小马驹”了，而是一辆“马车”，甚至是更高级的产品。

在苹果公司内部，对于新产品的设计理念通常需要提供三份评价文件：一份市场开发文件、一份工程设计文件、一份用户体验文件。

将消费者纳入创新体系中，使苹果能切实地为顾客着想，并在此基础上无限扩展。

举个例子：

作为第一款搭载iTunes的手机，乔布斯对摩托罗拉ROKR E1的评价是："太丑了。"与摩托罗拉颇为"愚蠢"的这次合作，让乔布斯决定自己做手机。可是，乔布斯面临的第一个问题就是采用什么样的交互方式？iPod成功后，苹果的研发团队就将交互方式的设计思路都放在了滚轮上，用户只要滑动滚轮，就能操控手机。可是，这项提议不符合乔布斯的人本主义追求，只能将目光投向"多点触控"技术。

所谓"多点触控"，就是能在触控屏幕上对硬件系统进行多个点位操作的技术，使用该技术，消费者就能流畅地使用智能手机。等到第一代iPhone发售之时，创新性和充满未来感的交互方式让消费者眼前一亮，iPhone也被媒体称为"上帝手机"。虽然整个下半年苹果只销售了139万部的第一代iPhone，但该产品却奠定了智能手机的形态，多点触控也成了两年内iPhone的独家卖点。

随着生活水平的提高，消费者也越来越注重生活质量，产品只具备功能性，并不能满足消费者的需要，市场要求必须出现具有创意和设计感的产品。

市场上任何产品都不可能永远畅销，任何产品存在的时间都长短不一。当然，产品是为了满足市场消费者的需求而出现的，不同时期的消费者存在不同的消费倾向，如此也就对产品提出了不同的要求。只有适应消费者需求的产品，才能在市场上存在；过时的产品，并不能满足消费者需求，也必将会失去在市场上存在的理由而被市场淘汰。

在新产品还未上市就成为万众瞩目的焦点，持币待购，上市当天就造成轰动营销，除了疯狂购买就是转介绍。

因此，对于企业而言，只要自觉地迎合市场变化，开发相应的产品，企业就能不断发展；否则，企业的生存就会面临威机。另外，消费者的需求也在不断变化，企业也必须不断创新产品。

企业的生命是以其产品为载体的，产品的消亡，意味着企业以这种产品作为使命载体的可能性消失。此时，企业如果没有开发出新产品，就会随之消亡。市场竞争是残酷的，消费者是挑剔的，产品不会因为消费者的宠爱而就永远受到欢迎。

时代不断变化，科技日新月异，产品生命周期已经大大缩短，企业面临越来越大的挑战，不进行产品创新，下一秒就可能被市场淘汰。那么，产品创新到底应该怎么做呢？

1.简化创新

生活中，我们经常遇到一个问题：产品越升级，功能越多，似乎是站在用户角度，能够满足用户更多的需求；另外，产品不断增加的新特性与功能，也导致了产品越来越臃肿。产品创新朝着更加复杂、更加高端的方向发展，满足了用户更多、更复杂的需求。这里，极简化创新，把产品的部分功能移除，就能更加突出最核心的功能。只要能将最核心的功能做到极致，就能成为所在领域的佼佼者。

2.努力微创新

微创新以用户的需求出发，找到用户的痛点，用最微小的迭代，满足用户的需求，实现产品循序渐进的创新，引爆用户的口碑。但是，迭代并不是微创新，微创新需要满足下面三个条件：

（1）产品已经稳定，能满足用户的需求。

（2）基于用户的需求出发，能够满足用户的需求，而不是在办公室拍脑袋决定。

（3）在原有的产品上加入创新功能，满足原本产品的功能。

3.组合式创新

把现有的产品进行拆分，分解为多个部分，再按照不同的方法进行重组，就能从不同的角度看到产品的全貌；对打散的部分逐个组合，就能发现很多意想不到的效果。例如，螺丝刀有很多种类，每种对应不同的螺丝，要想准备齐全所有的螺丝刀，就需要一个大盒子了。但是通过拆分组合，把螺丝刀的刀头与杆进行分离，这样多功能螺丝刀也就出现了。

4.颠覆式产品创新

这是所有的创新方法中最难的、失败率最高的，但也最能获得巨额回报的创新方式。事实上，每个体系都有边界，越过边界，原有的体系就会被打破，新的体系也会随之建立。

三、起个好名字，等于成功了一半

关于产品名字，我们先来看看宜家是怎么做的。

早上醒来穿衣服，如果你只是到衣橱里拿衣服，只要换一套宜家家具，你的衣橱就会变成你的贴身秘书，他叫穆斯肯。穿好衣服后，你可以站到卡纳佩穿衣镜前，看看自己的形象如何。这种穿衣体验很有范儿！

宜家之所以取名穆斯肯，就在于，其创始人英格瓦·坎普拉德有诵读困难症，他觉得与其给家具编号，倒不如给它们起成朗朗上口的名字。因此，宜家最初的产品，除了按设计师命名以外，都用斯堪迪那语中的词汇来命名。如今，这些名字已经随着宜家产品传遍世界，同样保留了浓浓的瑞典风味。

现在，宜家产品已经有很多种，2010年是9500种产品，每年都会新增3000种。按照原有的取名规则进行，宜家倍感压力。为此，宜家成立了一个小组，专门负责起名字，于是就形成了一个非常成熟的命名系统。例如，书架使用的是男孩的名字或职业名称，椅子使用的是男性名字，窗帘使用的是女性名字，厨房用品使用的是语法词汇，儿童用品使用的是哺乳动物、鸟类等名字，床上用品使用的则是花和植物的名字。

好名字是成功的一半！好名字能在第一时间抢占客户的心智资源，降低传播成本。宜家产品正是如此畅销全球！

由此可见，产品要想远销、好销，离不开一个好名字。特别是在今天，很多人购买产品时，不仅看中质量，还会看广告。一句“今年过节不送礼，送礼只送脑白金”的广告让脑白金火遍大江南北，关键是这句话老少都能听明白，脑白金这个产品名字和广告词完美的组合让该产品取得了骄人的成绩。

对于经营者来说，产品只有卖得好，才能获得利润，企业才能发展；对于产品来说，只有让消费者记住，喜欢，才能在激烈的竞争中打败竞争对手，取得市场份额；对于消费者来说，名字只有足够好，足够有特色，才能记住并喜欢它。

好的产品名称，不仅有利于促销，还可以提高产品的附加值。因此，给产品起个好名字十分重要。那么，如何给产品命名呢？

1.用制法来为产品命名

这种命名方法，一般都用于具有独特制造工艺或有纪念意义的研制过程的产品，可以突出产品制作技术精良、研制过程艰辛，提高产品的威望，比如，北京的“二锅头酒”就是表示蒸漏两次才制成。

2.用产品的效用命名

以产品的主要性能和效用命名，能使消费者望名知意，迅速理解产品的功效，有利于联想与记忆，如“痰咳净”“感冒清”“冷酸灵牙膏”等。

3.用产品创造者的名字来命名

这种命名方法把产品和创造者联系在一起，给人一种诚实可信、工艺精湛的印象，如“王麻子剪刀”“王致和腐乳”等。

4.用人物来为产品命名

以历史人物、传奇人物、产品创造者等名人姓名来命名，可以突出产品品质、历史传统、文化背景，提高产品身份。比如，太白酒家等。

5. 用吉祥物起个象征性名字

这种产品的命名方法迎合了消费者的心理，尤其是在一定的风俗文化背景下，比如，“状元帽”“鸳鸯枕”等。

6. 用外文译音命名

此种方法多数都用于进口产品，不仅可以满足消费者求新、求异心理，还能避免翻译麻烦，比如，盘尼西林等。

7. 用企业来为产品命名

以生产该产品的企业命名，能够借助企业的声誉和同类产品的声誉提高新产品的声誉，比如，“全聚德烤鸭”等。

上面的七种方法就是产品命名的主要方法。当然，小企业在创业之初为产品命名时还要注意以下几点，如表1–2所示。

表1–2　小企业创业之初为产品命名注意事项

注意事项	说明
别	给产品起名，要有别于其他同类产品。否则起的名和别人的一样，不仅会使产品名称失去原有的价值，在法律和道义上也是不允许的。在此需要注意，给产品命名，不仅不能和同类产品相同，也不能相似，更要防止他人仿效
美	产品名称要有美感，体现语言美、文字美、音韵美和寓意美等，比如，“清雪茶”“柔云丝”等
绝	不同凡响又合乎情理的名称，会格外引人注目，比如，“傻子瓜子”之所以能占有巨大市场，除了自身的原因外，还在于起了一个好名字
时	给产品起的名字要合于时势、合乎时尚。比如，20世纪初，上海有一家叫“三友”，出于实业救国之心，同时为了迎全国人民之心绪，给自己生产的棉布起名为“爱国呢”，畅销一时
俗	起的名字要入乡随俗，比如，出口到英美国家的唇膏，就不能起名为“芳”，因为“芳”译音“Fang”，英美文中为“毒蛇之牙”，不受欢迎

可见，如何为产品取名，对企业发展有着重大影响。为产品命名时，需要多动脑筋，集思广益，争取给产品起一个叫得响的好名字。

四、要想让用户喜欢，就要重视产品包装

俗话说："人靠衣装，佛靠金装！"要想将产品打造成功，就要重视包装，就得重视品牌的包装设计。

包装不是消费者的核心需求，虽然有"买椟还珠"的故事，但依然只是个笑话。产品的热销，不一定是因为包装的成功，但包装的成功，却能在很大程度上促进产品的成功。因为，没有什么比包装更接近终端消费者！

产品包装不仅能保护产品的完整性，还可以让产品物超所值。

2012年，"三只松鼠"成立。作为国内第一家纯互联网食品品牌的企业，只用一年时间，就打响了"三只松鼠"品牌。"三只松鼠"的成功并不在于产品质量，相较于其他同类产品，"三只松鼠"的食品味道也比较一般，其取胜秘籍就在于：产品包装。

"三只松鼠"成功地让消费者通过包装感知到了它的存在，如今只要一提到"三只松鼠"，消费者首先联想到的不是产品多美味，而是精致的包装。当然，"三只松鼠"确实在包装上费了一番心思，仅快递箱就比其他产品更干净整洁，外包装图案还统一采用了品牌吉祥物：松鼠，"软萌"的形象更加深入人心。

除了这些，"三只松鼠"还是用了鼠小袋、鼠小巾、明信片……再

配上可爱的松鼠形象，更给顾客留下了深刻印象，以至于消费者因为精美的产品包装而忽略了味道，成功获得了市场。

美国著名市场营销学家西奥多·李维特告诉我们，未来竞争的关键，不在于企业能生产什么样的产品，而在于为产品提供什么样的附加价值。包装，就是无言的推销员！想要提高产品销量，就要重视包装。没钱做品牌，就先做包装。因为产品的包装价值永远超过它的功能价值！

1.产品包装的类型

一般来说，产品包装设计可以概括为以下几个类型，如表1–3所示。

表1–3　产品包装设计类型

类型	说明
新奇型	这种包装的表现方式一般都比较新颖，趣味十足，可以给人一种意想不到的视觉体验
滑稽型	使用夸张的表现手法，也能获得消费者的好感。这种诙谐的表现形式更能体现出产品的人情味，能够向消费者传达一种健康的生活理念，让消费者感到轻松和愉快
生动型	利用各种幽默的卡通形象，来设计包装，可以让消费者感受到生动有趣的视觉图案带来的冲击。例如，巧克力厂家会将巧克力设计出多种造型，吸引消费者，激起消费者的购买欲
情感型	从消费者的情感体验出发，就能为消费者提供一个较为和谐和温暖的感觉。例如，在很多副食品的包装上，都使用了生动可爱的动物形象，满足了消费者在情感上的需求

2.趣味性包装设计

趣味性包装设计的要求如下：

（1）把握消费者的心理。在趣味性的需求方面，每个人都有自己的个性要求，没有固定的标准。因此，很多产品都有特定的消费年龄段，设计产品包装的时候，要为各年龄段的群体设计出相应的趣味性设计方案。例如，如果产品的主要销售对象是年轻人，就应当在设计方案中体现出思维活跃、善于幻想等特点。

（2）反常规的设计。消费者在购买产品时一般都重视第一感觉，消费心理也具有时效性，不能在第一时间吸引顾客，就容易被消费者忽视。因此，设计的趣味性包装，必须在第一时间打动顾客，要利用反常规的表现方式来进行设计，在视觉上给消费者留下深刻印象，走进他们的内心世界，满足他们的情感需求。

（3）了解目前的趣味需求。各时代对趣味的需求有很大的差异，设计产品包装时，也要体现出时代的特点。在设计过程中，要结合时代的发展趋势和潮流，突破传统的思维方式，用开放的设计理念出发去设计产品包装。此外，要关注时效性，抓住时机，努力提高包装设计的经济效益。

记住：带来60%价值的是企业整体形象包装！中小企业应该将研究功能、质量的研发部砍掉，将所有的资金都放在产品的外包装、市场研发等上。

五、实现产品的价值创新

一次，给一家红酒公司做产品策划，做定价策略策划时，策划师与企业老板发生了激烈争论。公司老板觉得策划师的定价太高，每款产品都比原来高了将近一倍，没法销售。

策划师对老板说："如果只想卖原来的价格，就用不着请我来策划了，我最大的本事就是将好产品卖出好价钱。"

为了证明策划对产品价值创新的意义，策划师使用"一个杯子到底能卖多少钱"的例子，最终说服了企业老板。

第1种方法：卖产品本身的使用价值，每个3元。

将它只当作一只普通杯子，放在普通商店，用普通的销售方法，最多只能卖3元。

第2种方法：卖产品的文化价值，每个5元。

将它设计成今年最流行款式的杯子，可以卖到5元。杯子有文化，消费者愿意多掏钱。这就是产品的文化价值创新。

第3种方法：卖产品的品牌价值，每个7元。

将它贴上著名品牌的标签，每个能卖6~7元。所有人都愿意为品牌付钱，这就是产品的品牌价值创新。

第4种方法：卖产品的组合价值，每个15元。

将三个杯子全部做成卡通造型，组合成一个套装杯用温馨、精美的家庭包装，起名叫"我爱我家"，一只叫父爱杯，一只叫母爱杯，一只叫童心杯，一组可以卖到50元。孩子们一般都会拉着妈妈去买"我爱我家"全家福。这就是产品组合的价值创新。

第5种方法：卖产品的延伸功能价值，每个80元。

如果杯子是磁性材料所做，就可以挖掘出它的磁疗、保健功能，每个卖80元。磁疗和保健功能，就是产品的延伸价值创新。

第6种方法：卖产品的细分市场价值，每个188元。

在具有磁疗保健功能的杯子上印上十二生肖，准备好时尚的情侣套装礼盒，取名“成双成对”或“天长地久”。针对过生日的情侣，每对可以卖188元，这就是产品的细分市场价值创新。

第7种方法：卖产品的包装价值，每对288元。

把具有保健功能的情侣生肖套装做成三种包装：第一种是实惠装，188元/对；第二种是精美装，卖238元/对；第三种是豪华装，卖288元/对。最后卖得最火的肯定不是188元/对的实惠装，而是238元/对精美装。这就是产品的包装价值创新。

第8种方法：卖产品的纪念价值，每个2000元。

如果胡锦涛或奥巴马等名人用该杯子喝过水，后来又被杨利伟不小心带到了太空去刷牙……这个杯子完全可以定价为2000元，这就是产品的纪念价值创新……

记住，购买产品时，除了产品本身的使用价值外，消费者更加关注购买的感觉、文化、期望、面子、圈子、尊严、尊重、理解、地位等象征性意义。

六、卖产品不如卖服务

产品同质，服务有差异。卖产品不如卖服务！正所谓：一流企业卖标准、二流企业卖服务、三流企业卖产品、四流企业卖苦力。

李蓉在一家大酒店工作，一干就是10多年。从最初的基层服务员到现在的餐饮部副经理，李蓉之所以能实现这样的成长，主要就是坚信：只有为顾客提供最好的服务，才能赢得顾客。一次，一个旅行团到酒店吃饭。她看到一个老奶奶出现了晕车反应，喘不上气，立刻为老奶奶递上一杯温开水，不仅详细询问了老人的身体情况，还自掏腰包为老人买来晕车药。随后，李蓉特地让厨房熬了一碗粥给老人送去。

李蓉知道，做服务工作难免会遇到顾客不理解的时候，只有用微笑和耐心对待，才能用良好的服务化解顾客的不理解。一次，一名顾客吃三文鱼时认为味道不对，气势汹汹地质问李蓉。李蓉保证："请您放心，我们酒店的三文鱼绝对是新鲜的，质量也可以保证。如果您不放心，我可以带您一起去看看存放在冰柜里的三文鱼是否新鲜，我们也可以为您更换这道菜品，换到您满意为止。"李蓉不卑不亢的解释，让这名顾客打消了疑虑。

李蓉还十分注重工作技能的提升，多次代表酒店参加各地举办的餐饮服务技能比赛并获奖。2019年，李蓉被县委宣传部评为岗位服务明星。

失败的服务会让我们失去一次销售的机会，比如，顾客进门咨询，工作人员却对产品知识不熟悉，一问三不知，顾客必然会兴味索然，掉头就走。

顶尖的企业永远都会告诉员工，自己就是老板，而不是为薪水工作；成功者找方法突破，失败者找借口抱怨。工作人员也会高度关注客户的需求，向客户提供好的产品和服务，而永不会做“一锤子买卖”，不会欺骗客户。

21世纪是一个产品过剩、服务不足的时代，在同质化时代服务是最大的差异化。如果产品很难做战略，很难做文化，很难溢价，很难创造精神享受，就只能在服务上下功夫。

服务1.送货服务

及时准确地将顾客订购的产品送至预定的地点，就能最大限度地为顾客带来便利。顾客答应让你送货，只是口头上的承诺，并不是真正意义上的成交。

市场上同类产品很多，没在约定时间内送货上门，顾客很可能会改变主意而放弃购买。所以，送货一定要及时准确。比如：每次接到顾客的订货电话，可以在一张表格上记录下产品名称、数量、送货时间、地点和收货人，确保送货服务准确无误。

服务2.附加服务

要从细微之处关心顾客，满足或超越顾客的需求，也能受到顾客的青睐。事实证明，只要能让顾客感受到你对他的关心，就有可能令他们成为忠实顾客。比如：假设顾客群中有几位互不认识的集邮爱好者，就可以根据这一共同爱好介绍他们互相认识，让他们以集邮会友。如此，既能扩大他们的朋友圈子，又能使顾客感到你这份缜密的心思，更加喜欢你的产品。

服务3.信息咨询

如果顾客想了解产品或相关信息时，就要快捷、准确地为之提供信息咨询服务。服务越专业，越能节省顾客的时间和精力。比如：顾客想了解有关公司新产品发布的信息，一定要清楚详细地告诉顾客新产品发布会的时间、地点及相关事宜。

服务4.示范服务

通过产品示范和讲解，可以帮助顾客掌握正确及合理的应用产品方法，令顾客感到物有所值。比如：该系列产品具有浓缩特点，技术含量高、质量好、附加价值大。顾客使用产品前，要做出直接指导，使顾客尽快获取正确使用产品的方法。

服务5.售后服务

产品售出后，要继续给有需要的顾客进行产品使用指导，及时处理顾客的投诉和其他反馈信息。持续不断的售后服务会为你建立良好口碑，让顾客回头或为你带来更多新顾客。

记住，顾客服务涵盖的内容很广，从消费者接触顾客开始，服务就正式开始了。

七、在产品开发中设置“防火墙”，永远避开竞争

在产品开发中设置防火墙，就能永远避开竞争，独家锁定高利润区，让竞争对手坐火箭也追不上。

防火墙1.产品个性化

个性化时代，企业一般都是根据顾客的实际订单来进行生产的，真正做到了以需定产，几乎没有库存积压，大大加快了资金

的周转速度，减少了资金的占用。此外，由于在产品生产之前就形成了一种契约，产品已经销售出去，自然也就不会造成产品积压，缩短了再生产周期。因此，要想让产品避开竞争，就要在个性化上下功夫。

祥天控股（以下简称“祥天”）是一家集高新科技研发、生产、销售、项目投资管理、房地产开发、货物进出口、技术进出口、经济贸易咨询服务为一体的多元化企业，总部位于北京中关村科技园，在朝阳、亦庄、上地等地拥有多处分支机构。经过10多年的努力，公司已经研发出以压缩空气为动力的一系列高科技动力设备系列产品。

“祥天”驻足世界视角，以节能减排为己任，开创了“空气能源核心动力”的新时代，打造了“空气能源核心动力”为主的七大系列产品：综合自然能源风塔发电站系列；空气动力发电机组系列；空气动力大、中、小巴汽车系列；空气动力汽车发动机系列；空气动力船舶发动机系列；空气动力高铁发动机系列；空压机及零配件系列。

目前，“祥天”研制的新能源发动机是利用电能对空气进行高压，使其转变为空气能，再利用这种空气能产生机械能，最终转化为驱动能，驱动汽车行驶。该技术利用空气动力物理机械做功，不需要燃油、不燃烧、无须电路点火、零排放、动力强劲、保养简便费用低、故障率低。目前，使用这款空气动力发动机的新能源汽车行驶距离在200千米左右，时速能够达到140千米；加气时间3~5分钟，加一次气，可以续驶200千米以上的里程，百公里行驶费用低，经济效益高。

这款新能源发动机，利用电能对空气进行高压，可以使其转变为空气能，再利用这种空气能产生机械能，最终转化为驱动能，驱动汽车行驶，不用耗油，真正做到了零污染、零排放。该产品突出品牌个性，跟消费者密切相关，受到热烈推崇。

产品没有个性，产品研发团队自说自话，自然就无法吸引到忠诚客户。没有被消费群体认可和深入理解，产品也就无法进入他们的内心世界。记住，消费者使用的产品个性代表着他们的个性，他们追求的是产品性能。

防火墙2.做到极致

众所周知，大米是一种普通的食物。可是，日本一家百年米店的第八代传人桥本隆志，却将这种再普通不过的主食卖出了新花样。在日本，人们将米店称作米屋，只要提到“米屋”，通常还会在前面加个“御”字，足见消费者对米屋的尊敬。

这家老店开设于1750年，取名为庄屋。在20世纪，日本对粮食和销售商实施保护，开米店成了一桩旱涝保收的买卖，庄屋的生意自然也非常兴隆。可是意想不到的是，1993年日本发生自然灾害，大米大幅减产，政府只能改变现行保护制度，开放了大米的自由进口。在廉价大米的冲击下，再加上喜欢西餐的日本人越来越多，庄屋大受打击，经营每况愈下。

这时，庄屋的长子桥本刚从同志社大学毕业，就职于一家大通信销售企业。为了缓解家业危机，他辞去工作，回家接管米店。最初的七八年，桥本四处奔走，亲自上门推销送货。为了减少成本，他只能裁掉员工，甚至辞退了亲属，但赤字依然只增不减。桥本几乎陷入绝望。

在给饭馆送货上门时，桥本偶然发现这里不同的菜肴需要不同的大米，比如，炒饭需要筋道的大米，但咖喱饭口感绵柔。大米的味道是不断变化的，即使是同样的产地，也会因为天气、料理方式等外在条件而不同。桥本突发奇想，不如开一家只做大米的饭馆，用自家大米为顾客提供不一样的味觉体验！

2006年，公司成立，起名为株式会社八代目仪兵卫。桥本和弟弟一起确定了大米主题饭馆——八代目仪兵卫料亭。他们研发了一套从前菜、酒水到甜点，虽然全部使用大米，却带来颠覆感的创意大米料理。

他们将匠人精神发挥到极致，直到下锅，这些大米要经过4个步骤的打磨：

第一步是选购，为了保证质量，他们跟大约60个农家签订了购买合同。

第二步要亲自品尝，每天都要品尝多种大米，严格筛选。

第三步是对打谷脱壳的重视，桥本发明了获得专利的脱壳方法，最小限度地破坏大米的味道和营养。同时，为了保证品质，所有产品都是收到订货后再进行脱壳加工。

第四步是按照比例和种类，桥本亲自调成配方米，制作不同料理。

每一锅米饭都由料理长亲自烹煮，火候和时间把握得恰到好处。

每一桌客户都有自己的专属饭锅。结果，八代目仪兵卫料亭开始在日本爆红。每天中午只接待30位客人，为了吃这一碗米饭，人们的预约甚至排到了两个月后。

这就是极致的力量！

第二章　制订好价格

一、“薄利多销”，是错误的观念

虽然我们都不知道“薄利多销”这个词是谁发明的，但可以肯定的是，一定不是生意人。笔者倒认为，这个概念很可能是消费者提出的。通过这个词，给做生意人画了一个很好的大饼，让无数生意人信以为真，宁愿走进薄利多销的误区。可是，如今越来越多的人意识到，薄利多销是错误的！

生活中，经常会看到这样的场景：一瓶酒或一盒烟本来只能赚几毛钱，顾客依然在拼命砍价，要是不便宜卖给他，他就生气，扭头就走，嘴巴里还会嘟囔一句：“连零头都舍不得便宜，今后不来了。”听了这句话，你会不会感到很委屈，甚至有种想要发泄出来的冲动？

说到薄利多销，最有名的教科书案例就是温州帮。曾经温州的打火机、皮鞋、眼镜、纽扣、小电器等无一不是以薄利多销而闻名天下，这也就成了许多街头书籍刊物所津津乐道的佳话。这个词不仅灌输到了商家的大脑，也深深影响某些消费者的心智。比如，客户会给销售者讲价：“老板再少点撒，薄利多销嘛。”好像他们比老板更深谙生意之道。

如今，很多做营销的、做微商的、做网赚的、做培训的也受传统生意思维的影响，践行着薄利多销的理念。他们的思路很清晰：一个客户赚100元，十个就能赚1000元，百个就是一万元，万个就是一百万元。大错特错！

任何经典的营销思维都会受到所处时代的限制，脱离了商业环境的营销经典一文不值，贻害匪浅。时代在变，传播方式在变，产品形态在变，用户心理也已经发生了变化，薄利多销的时代已经过去。消费升级、中产崛起的时代，厚利经营才是最正确的选择。

顾客根本不知道你产品的成本。你卖多便宜，顾客都认为你挣钱，得不到顾客的承认！尤其是你越把成本告诉顾客，顾客越说你是假的，绝对不会相信你，这叫：气死你！老板的思维观念直接导致结果是正确的，还是错误的！

真正在市面上卖得好的产品不是薄利的，而是厚利的！比如，格力，就是行业当中利润最厚的！价格虽然很高，但人员依然愿意购买，为何？因为它的牌子响！在中国卖得最好的碳酸饮料是可口可乐，同样利润也是最厚的！

一定要记住：产品究竟能不能多销，并不取决于利益厚还是利益薄，而是取决于消费者怎么认知它。消费者认为它是值得的，它就是值得的；消费者说它不值，它就是不值得，跟本身的利益厚薄没有直接关系！

能够实现多销的产品不在于你是利厚还是利薄，而是能够提供的价值！最后能够实现多销的产品不在于利润的薄厚，而是消费者认为它是什么、能给他带来什么。所以，要想提高产品的竞争力，就要放弃薄利多销，要实现厚利多销。

做生意不想着赚钱，是慈善家；做好事不想着留名，是活雷锋。无论哪种产品，都要有合理的利润空间，不要想着薄利多销。薄利不一定多销，反而会扰乱市场的正常经营，会加剧同行间的矛盾激化。

记住：**顾客根本不知道你产品的成本。你卖多便宜顾客都认为你挣钱，得不到顾客的承认。尤其是你越把成本告诉顾客，顾客越说你是假的，绝对不会相信你。这叫：气死人。老板的思想观念直接导致结果是正确的还是错误的。**

二、在市场上有两个“傻瓜”

市场上一共有两个“傻瓜”：一个叫定价过低；另一个叫降价自杀。

1.定价过低

无数人都是以价格确定产品价值的。定价过低，就是自信过低，是对自己的品质不认可的表现。

国人有一种本领：不是把产品做好，而是把价格做低。得点儿小便宜就沾沾自喜，只能在不知不觉中将自己给灭了。

做烂价格、做坏市场，无异于自取灭亡。价格做烂，市场做坏，虽然可以恢复到原来的层次。但是，要想修复，需要经历漫长的过程，甚至要付出死掉一批的代价；有时甚至会让一个品种彻底消失。新生力量不会来自飞蛾扑火般的不怕死者，只能来自反其道而行之的、坚守自己品质定位和价格定位的执着者。

价格适当做低，有利于产业化、规模化，但价格过低过滥，不择手段，也会扼杀产业。这是被无数事实证明的真理。如今的市场，同类产品严重过剩，价格一家比一家低，只要看到某款产品赚钱，人们就会蜂拥而上；哪个款式卖得好，人们就会仿照该款式来做。

客户只看表面，感觉差不多，其实，在看不见的地方，差距更大！但是，客户不知道这些，只会盯着便宜的买，劣币驱逐良币，慢慢地，好产品为了生存，也只能降价。

土地被污染了，至少要荒几年。让荒草疯长，把所有污染物质全部净化，恢复土地本来的纯净，才能种庄稼。只不过，颗粒无收的年月，很多人都熬不下去，要么饿死，要么辗转流徙。这就是为什么细分品类一开始很有生命力，后来大部分企业覆灭的原因！

价格是把双刃剑，可以伤人，也可以伤己。非理性的价格战，等于同归于尽。一旦做到无钱可挣那一天，就离死不远了。真正值得尊敬的企业，不是发展和扩张最快的企业，也不是规模最大的企业，而是始终如一坚持创造商业价值和社会价值的企业，自始至终有自己底线的企业。所以，坚持自己的产品价值，坚持自己的商业价值，坚持自己存的在价值，才是重要的企业底线和商业底线。

2.降价自杀

降价会让顾客失去对公司的信心，认为你是不行了，才会降价。

如果确实卖不动了，就将旧产品换个商标，推出新产品降价。顾客追高不追低，不要给老产品降价。

消费欲望并不是与生俱来的，而是不断刺激的产物。**定价过低，就是自信过低，是对自己的品质不认可。降价会让顾客失去对你公司的信心，认为不行了才降价。如果真的卖不动，将就产品换个商标，推出新产品降价。顾客追高不追低，不要让老产品降价。**

营销设计的目标就是要刺激消费欲望，通过广告、杂志、降价、大事件等方式刺激大众的消费欲望，培育消费意识，而降价是目前最常见也是最普遍的一种方式。虽然降价确实能让众多品牌商赚得盆满钵满，但这种营销方式只能使用一时，不可使用一世。

作者认为，短期内频繁地降价，会直接或间接影响企业品牌效应、用户忠诚度、产品利润空间。

（1）降价会影响粉丝的感受。频繁降价确实能让企业短期内增加营业额，扩大自己的市场份额，但对于已经购买的消费者，会造成价格伤害，会引发他们对这一品牌的不满，对用户忠诚度产生负面影响。互联网时代，顾客掌握相当分量的话语权和参与权，且这种转移以后会更加明显，用户的不满情绪会直接影响到企业的品牌效应和营业收入。所以，短期内的频繁降价是最有效的促销方式，但从长远来说，只能伤害企业本身。

（2）频繁降价不利于塑造品牌形象。根据传统的产品生命周期理论，产品分为导入期、成长期、成熟期和衰退期，而频繁降价一般出现在产品衰退期。对于大家电来说，产品的整个生命周期过程可能会持续多年，甚至有些产品最初的导入期就需要好几年。而众多家电频繁地降价会向消费者传达一个危险信息：产品已处于产品衰退期或过时，造成部分用户流失，妨碍企业长远的战略目标。

（3）频繁降价会压缩产品的利润空间。在产品同质化的前提下，家电产品供给替代性明显，消费者很容易根据价格来选择产品，企业频繁降价之后的再度提价，会流失掉大量消费者。企业如果想继续维持自己的市场地位，就得实现产品创新，间接缩短产品生命周期、加快产品更新换代，保证单品的利润率。

三、从客户心理学入手，制订合理的价格

用不为人知的四种定价方法，即使不打价格战，也能让你的产品在竞争中脱颖而出，并巧妙地提升产品价格。不但不会流失客户，还能快速增加销量。

1.高开低走定价法

饥饿营销的心理学认为，顾客认为稀有的产品就是高值的产品、高贵的产品；而高贵就是高价，所以企业要适当制造饥饿感。

逛商场或者在网络购物的时候，很多人都喜欢看有折扣的产品；看到自己心仪的品牌打折扣，有些人就会立刻下单，这就是折扣的诱惑。产品价格的主要作用不是销售，而是为了给产品定位。为了实现更多的盈利，给产品定价时，就可以采取高开走低的策略，将价格定

得比正式销售的价格高一点。

顾客永远不会同情弱者，只会支持强者。原因就在于，根据“价格决定价值”的原理，如果产品价格较高，消费者就会觉得产品价值要高一点；但是，由于价格较高，消费者就会觉得该产品只能观望而不能购买。这时，如果商家采取打折、促销、降价等方式促销，消费者反而会觉得自己占了便宜，就会立刻采取行动。

诸如，为了销售手机，很多商家都会使用“高开低价”策略。手机是一种象征性产品，刚上市时商家一般都会采取“高开”策略给新品手机定位，让消费者觉得“想买又太贵”，只有少数高收入的消费者买得起；一旦高收入的消费者购买饱和，价格就会开始“低走”，这时候底层的消费者就会觉得“自己用低价购买了高品位的手机，很划算！”，不断“低走”，就能在最后淘汰该款手机。

此外，这种定价策略还被常用于酒店。广州有很多酒店的定价都是1800、880、900…，但门市价却是430、390、360，酒店会根据不同的时间调整具体价格。

这种定价策略一个最大的好处就是，能够让消费者觉得自己在占便宜，更容易吸引消费者消费。**如果一开始就定低价，以后就很难涨价了。记住：顾客不是买便宜，顾客是喜欢占便宜。**

2.目标客户定价法

所谓目标客户定价法，就是以产品的历史价格为基础，参考市场需求变化，在一定范围内变动价格，将同一产品按两种或两种以上的价格销售。

顾客购买力、对产品的需求、产生的型号及时间地点等都是影响价格制定的因素。比如：以产品式样为基础，同一产品的不同花色款式，就可以执行不同的售价；以场所为基础的差别定价，即使成本相同，因地域不同，价格也会有差别。

目标想卖给说是什么样的人，就定什么样的价格。采用这种定价法，需要确定消费者对不同产品感受的价值，需要通过人员访谈或问卷调查的方式来获得信息，了解顾客对产品的感受价值。该方法能够灵活有效地运用价格差异，对成本相同的同一产品，让价格随着市场需求的变化而变化，不跟影响成本的因素发生直接关系。

目标客户定价法主要分为以下三种形式：

（1）认知价值定价法。所谓认知价值，就是消费者对某种产品价值的主观评判。而认知价值定价法，是指企业以消费者对产品价值的认知度为定价依据，运用各种营销策略，对消费者产品价值的认知造成影响，从而确立有利于企业发展的价值观念；然后，再根据产品在消费者心中的价值来制定价格。

这种定价法的关键，是获得消费者对有关产品价值认知的准确资料。如果高估了消费者的认知价值，产品价格就有可能过高，无法实现应有的销量；如果低估了消费者的认知价值，产品定价就有可能低于应有水平，减少销售收入。因此，只有通过广泛的市场调研，了解消费者的需求偏好，才能根据产品的性能、用途、质量、品牌、服务等要素，判定消费者对产品的认知价值，制定出产品的初始价格；然后，确定该定价方案的可行性，并制定最终价格。

（2）逆向定价法。这种定价方法不用考虑产品成本，重点是考虑需求状况，具体来说：就是依据消费者最终能够接受的销售价格，逆向推算出中间商的批发价和厂家的出厂价格。这种价格能反映市场需求情况，采用这种定价方法，不仅能够加强与中间商的良好关系，保证中间商的正常利润，使产品迅速向市场渗透；还可以根据市场供求情况及时调整，定价比较灵活。

（3）需求差异定价法。所谓需求差异定价法，就是根据消费者需求来确定产品价格。这里，强调的是消费者的不同需求，成本补偿被放在次要位置。根据需求特性的不同，可以采取以下几种形式：以用户为基础的差别定价、以地点为基础的差别定价、以时间为基础的差别定价、以产品为基础的差别定价、以流转环节为基础的差别定价及以交易条件为基础的差别定价等。

须知：**一切都要从客户角度定价，要考虑顾客能够承受的最大价位，而非传统的以产品为中心的“成本利润”定价。只有以顾客为重逆袭的营销才是真正成功的营销。**

3.差异化定价法

所谓差异化定价，就是企业行使产品价格浮动权，为产品制定不同的、有针对性的价格。**能够找到产品和产品之间的差异的时候，就可以定不同的价，找到利润的更大源泉。**例如，根据包装的材料不同、大小不同等可定不同的价格；理发店可以根据技师水平不同而定不同的价格。

概括起来，差别定价法主要有以下几种形式。如表2-1所示。

表 2-1　差别定价法的形式

定价法	定义	举例
顾客细分定价	把同一种产品按照不同的价格卖给不同的顾客	如公园、旅游景点、博物馆等，会将顾客分为学生、年长者和普通顾客，采取不同的价格策略，学生和年长者收取的费用较低；乘坐火车时，学生、军人等的票款价格往往要低于普通乘客；自来水公司根据需求，也会将用水分为生活用水和生产用水，并收取不同的费用
产品形式差别定价	对于产品的的不同型号、不同式样，可以制定不同的价格	如 33 寸彩电和 29 寸彩电的价格不同，前者要比后者高出一大截；一件裙子原本销售 80 元，成本 50 元；一旦在裙子上绣一组花，就能追加 10 元成本，价格还能定到 120 元
形象差别定价	对同一产品，采取不同的包装或商标，也可以定不同的价格	如将香水放入一只普通瓶中，赋予某一品牌和形象，售价为 20 元；将香水装入华丽的瓶子，赋予不同的名称、品牌和形象，就可以直接定价为 200 元。这就是不同的产品形象造成的定价差异
地点差别定价	对处于不同位置或不同地点的产品，可以制订不同的价格，即使各地点的产品成本是相同的	如到影剧院看电影，不同座位，收费不同，公众就会根据自己对座位的偏好，花费不同的价格来购买座位；火车上的卧铺，上铺到中铺、下铺，价格也是完全不同的，往往下铺价格最高，因为下铺最方便
时间差别定价	随着季节、日期，甚至钟点的变化，也可以为产品制定不同的价格	如机票到了淡季，价格就便宜；旺季，就会贵一些。旅游公司同样如此

当然，要实行差别定价策略，就要重点做好以下工作：

（1）做好消费者调查。企业可以通过问卷调查、电话访问、直接观察等方式来收集信息，并对各类信息作出评估。首先，要了解消费者的构成，包括年龄、性别、职业、教育和地区等；其次，要了解消费者的行为模式，包括：消费者的消费习惯、消费心理、生活方式、兴趣爱好、购买动机等；最后，对消费者的收入状况进行调查。

（2）市场状况研究。首先，要研究市场供求状况，看看该产品市场是卖方市场还是买方市场？其次，要对市场竞争程度、范围及变化趋势进行分析，判断是完全竞争市场、完全垄断市场、垄断竞争市场，还是寡头垄断市场。最后，分析竞争者的策略，包括对手的技术、资本、人才和成本特点等。

（3）企业产品分析。对企业产品进行分析，主要内容包括：有无替代品、是耐用品还是非耐用品、产品的成本、产品所处的生命周期等。如果企业在某种产品上有一定的技术、资本、人才和成本优势，且该产品具有差异性又缺乏替代产品，便可以采取差别价格策略。

4.小数点定价法

去商场超市购物或到网店浏览，都会发现一个有趣的现象：产品定价总会出现8.99元、5.98元、18.99元等这样的价格。原因何在？这里就涉及小数点定价法了。虽然8.99元与9元只差了0.01元，但是，消费者往往都更愿意接受前者价格，而不是后者；消费者更愿意接受18.99元的午餐套餐而不是20元。

这确实是一个有趣的现象！

因此，给产品定价就要很好地将心理定价策略利用起来，利用消费者的心理因素，有意识地将产品价格定得高些或低些，方法之一就是，小数点定价策略。

研究表明，消费者在购买产品时，尤其是在购买一般日用消费品时，多数消费者都更愿意接受这种定价策略，比如：0.99元、9.98元等。这其中的原因有两个：第一，消费者会觉得这个价格经过了精确计算，更值得信任；第二，给消费者的感觉虽然只差了几分，但似乎看起来更划算。

消费者如果仔细观察，可能还会发现一个有趣的现象：在同一个商场内，每隔一段时间价格都会上下浮动，上调价格或下调价格。举个例子，产品原价9.15元，下调价格至7.98元，猛然一看似乎减了两元，其实只下调了一元多。

为了增加销售量，很多商家都会采取这种策略，对部分产品进行调价，并有针对地对某种产品进行优惠促销。这种方法确实值得借鉴，只不过有些原则也是需要遵守的，比如：

（1）产品价格低于1元。如果产品价格不到1元，价格的末位应是9，才能具有心理吸引力，带来较高的利润。

（2）产品价格区间在1 ~ 10元。在这类价格中，最好将末位数字设定为9和5。因此，如果看到很多同类产品的价格都是4.99元，你就可以为自己的产品定价4.95元。

（3）产品价格区间在10~100元。对于这类产品的价格，可以将价格尾数定在0.25元、0.5元或0.75元。例如，20.75元就比20.99元更有吸引力，49.50元比49.99元更能吸引顾客。

（4）产品价格高于100元。对于处于这种区间的产品价格，定价策略最好采用整数价。另外，整数价后面也不需要加小数点。当然，也可以将末位设定为9和5。例如，售价499元的电磁炉就比售价500元的电磁炉更有吸引力。

记住：99.8元比100元定价更合适！

基因二

团队系统：解决谁来卖的问题

该系统解决的是产品由谁来卖的问题。团队无激情，无状态，无执行力，如何打造好团队，管理好员工。

第三章　设定优秀团队标准

一、没有忠诚，能力再大也无足轻重

忠诚是一种尽心尽力，忠于人、勤于事的奉献情操，是一种发自内心，饱含着付出、牺牲的精神。对团队和企业忠诚的员工，才能更加懂得自重，才能产生一种自我满足感，努力去做一个有益于他人的好人。

有家电子企业很重视员工的技能培训，只用了几年时间，就拥有了一批得力的技工，成为生产骨干，一时间订单不断，利润大增。老板欣喜若狂，对这批骨干宠爱有加，频频加薪宴请，嘘寒问暖，双方如同蜜月情侣。

老板非常得意：一手抓金钱，一手抓酒瓶，还怕你们不努力？可是，这种状况并没有维持多长时间，技工头本是老实人，但几年下来只知道钞票美酒，逐渐变得自私贪婪，整天转动着眼珠子，竟萌生了歪念：徒弟都听我的，老板没我不行，何不敲他一笔？于是，技工头开始作妖，开始时，轻松得手；之后，便得寸进尺，一发不可收拾。稍不遂意，他便带头怠工，再以集体跳槽威胁，最后竟然在外商验货时做了手脚，让企业遭受了惨重的损失。老板了解到情况后非常生气，开除了这批技工，企业元气大伤。

有了这次遭遇，老板心有芥蒂，再招技工时竟颇为踌躇。而被炒的人今后要改邪归正、做个有技术有品德的好员工，恐怕也不易了。

其实，很多企业都存在类似的问题：员工技术良好但素质不高，会做事但不会做人。之所以会出现这个问题，重要原因之一，就是企业的培训理念和内容有缺陷，没有把做事和做人统一起来。由此，当企业竞争拼到员工素质这个层面时，人的决定作用凸现，就会给企业的发展带来巨大的灾难。

1.提高员工忠诚度

员工与企业的关系更像是一种双方给予关系，要想提高员工忠诚度，就要关注以下几点：

（1）给员工做职业指导。要想提高员工忠诚度，就要给员工足够的支持，给他们提供完成工作所需的信息。员工都想知道自己在企业中扮演的角色，如果每个人对此都模棱两可，员工与管理层之间的关系就会破碎。随着工作负荷和压力的增大，员工就会体察到保持技能水平和业绩的重要性，如果同事工作中三心二意，管理者却听之任之，他们就会变得忍无可忍。因此，要想激励员工忠诚，就要给员工做好职业指导。

（2）与员工稳固合作。在新的员工忠诚奉献规则中，有趣的内容会让员工与经理人、经理人与团队之间的关系变得更加紧密。只要员工愿意留在团队，就不会接受其他企业的聘用，因为他们与上级之间建立了一种牢不可破的关系。因此，企业越鼓励加强员工与上级之间的沟通，员工对企业的归属感就越强。所以，企业越加强这种密切关系，员工与其上级间的合作就会越牢固，员工自然就更愿意为企业尽心竭力，更希望成为团队中的一员。

（3）与员工共享成果。愿景，通常会使员工产生强烈的归属意识。员工都希望被委以重任，在驾驭企业的发展方向上，让员工参与越多，企业就越能更为迅速地达到目标，还有利于企业中的每个人都能共享胜利成果。而要想做到这点，关键就是要为变革提供场景和支持。对多数员工来说，企业重构或合并等文化变革会让企业的发展失控，除非员工能了解到实际发生的一切，否则他们眼中看到的便是一团糟；不知晓企业变革的秘密，便会产生抵触情绪，因此与员工共享成果异常重要。

2.明确忠诚对象

员工的忠诚对象，主要包括以下几点：

（1）对企业忠诚。员工只有对企业忠诚，才能发挥团队的力量，才能推动企业不断向前发展。在这个世界上并不缺少有能力的人，“德才兼备，以德为先”才是许多企业的用人标准。这里，“德”主要是讲对企业的认同和忠诚。忠诚是员工职业化的生存方式，对企业忠诚，实际上就是对自己职业的忠诚。员工一旦因为兴趣变化、职业生涯发展等原因离开企业，也能通过自己的忠诚品德获得更大的职业发展空间，获得更大的知名度。

（2）对上司忠诚。忠于上司的最直接表现就是服从执行，要让员工按照上司的意愿来选择自己的行为，确保工作目标的实现。员工的服从与否直接决定着上司的决策执行水平和质量，只有被上司器重，才能在服从的基础上充分发挥自己的聪明才智，执行上司交办的任务，巧妙地弥补上司的失误。另外，员工的行为违背上司的意愿，对上司不尊重，就得不到上司的信任，自然也就无法获得更多、更好的机会。

（3）对工作忠诚。忠诚是员工的本分，员工可以将某个企业作为自己忠诚主体和职业舞台，一旦做出了选择，就要投入到工作中。因为只有扎扎实实做好本职工作，才能获得职业发展；缺少忠诚，就不可能为公司做出好的业绩；没有好的业绩，也就无法获得良好的职业发展。因此，员工在工作岗位，要让他们本着忠诚之心，做好本职工作。

二、团队做大的标准是让员工先富起来

老板都希望企业做强做大，希望自己在业内实力足够强大，却不希望员工收入高。嘴上虽然说，谁不希望自己的员工好？谁不希望自己的员工幸福？可是，在企业不断发展壮大的过程中，员工的收入却几乎不见增长，甚至相对于物价的上涨反而还降低了；经济下滑、行业整体不景气的时候，个别老板还会克扣员工工资，甚至停发、迟发和不发工资。

员工的生活不稳定，幸福也就无从谈起。员工没有幸福感，企业也就无所谓强大。企业富，不一定员工强；员工富，企业却一定强。

企业要想做强做大，首先就要让员工感到富足而幸福。因此，要想打造上下一心的团队，企业就要竭尽全力并费尽心思，努力让员工实现物质与精神两方面的幸福。

稻盛和夫是“日本经营之圣”，他是如何从一个爱哭郎成长为叱咤商界、百折不挠的企业领袖的？他是怎样从一个屡试不第的“坏”孩子成长为创造了两个“世界500强”奇迹的成功领袖的？

稻盛和夫独创了一套经营方法，并将整个企业分割成许多个“阿米巴”小型组织，每个小型组织都作为一个独立的利润中心，按照一个小企业、小商店的方式进行独立核算和内部交易，让人们都成为经营者，发挥全员智慧和努力，追求销售最大化成本最小化，实现企业的高速发展。

让员工富起来，就要增加他们的收入。谈到增加员工的收入，很多老板都害怕承担不起成本的急剧增加，舍不得“割肉”。企业赚了钱，让他们拿一点钱发给员工，好像要了他的命似的，企业怎么能做强做大？舍得舍得，不“舍”，哪会有“得”？因此，要想打造优秀团队，就要舍得与员工分享利润。

经营企业最大的问题就是人的问题，而人最大的问题则是钱的问题。不解决钱的问题，企业就会萌生出很多问题；只有解决了钱的问题，企业发展才能更容易。

企业经营的本质就是经营人心，人心的本质就是人性。人性的需求是一致的，老板要利润增长，员工要工资提高；老板要绩效，员工要薪酬。思维传统狭隘，认为“企业是自己的”“员工是为自己打工的”，企业的经营就会越来越艰难。

没有人才，一切都是空谈；聚集了大量人才，而没有制定好的激励措施，人才也会变成庸才。因此，要想轻松做事业，首先就要解放思维和生产力，给员工加工资，让员工先富起来。

追求利润最大化是企业的目标，追求个人成长之梦是员工的心愿，实现企业与员工的双赢，才能在老板与员工之间找到利益平衡点；只有推行人才激励计划，才能让员工先富起来。

1.不同层面，进行不同激励

不论从自身价值观念出发，还是受生活压力所迫，员工的个人目标与企业的经营目标之间总存在一定的落差。从个人的工作动机来看，对企业有价值的员工可以分为三个层面：

第一类人，将公司当作人生舞台，对企业忠诚的；

第二类人，将工作当成事业，忠诚于职业；

第三类人，将工作当作谋生手段，忠诚于薪水。

针对员工的不同工作动机，要出台不同的激励策略，实现文化留人、事业留人、高薪留人。

如果个人价值相当，对于忠诚于企业的人，要给予长期激励；对于忠于职业的人，应给予适度的中期激励；对于忠于薪水的人，应以个人项目化结效为依据给予短期激励。

2.不同阶段，进行不同激励

为了确保员工的工作激情能够得以延续，一般来说，“奖励”是一次性完成的，而“激励”则需要分阶段来推进。划分激励时段，可以参照企业的战略规划期和员工的心理预期进行综合确定。

企业的战略规划期不同，要制定不同的激励措施，如表3-1所示。

表 3-1　企业因战略规划期不同而要制定不同的激励措施

不同战略规划	激励措施
长期激励	在3年以上的期限内分3次以上授予完毕，不管员工中途任何时刻想离开企业，都会觉得有些遗憾
中期激励	在年终绩效评定后兑付一部分，另一部分采用延期支付方式，促使员工做出更加长远的职业规划
短期激励	设置一定的追索机制，规避某些对企业不利的短期行为

3.不同员工，采用不同方式

不论是基于岗位价值，还是人力资本价值的评估，评价出来的都是激励总额；而激励效果不仅取决于激励总额，还取决于激励方式。而要想确定激励方式，就要综合考虑员工的人力资本附加值、忠诚度、敬业度等内容。

对于高附加值且忠诚度较高的员工，应根据岗位价值或人力资本价值给予一定额度的实股激励，使员工体会到当家做主的感觉；对于高附加值但忠诚度不高的员工，则要采用分红权激励的方法。

4.严格约束员工

无论员工的自身价值有多高，不能为企业所用，都是毫无意义的，所以，在激励的同时要对他们进行适度的约束。当然，构建约束制度，要从绩效考核与退出机制两方面做文章。

（1）从绩效考核来看，可以分为公司绩效、部门绩效（或项目绩效）、个人绩效三个层面，激励周期越长、员工的层面越高，对公司绩效的关注度也就越高；激励周期越短、员工的层面越低，对个人绩效的关注度也就越高。

（2）从退出机制来看，在激励周期内都会发生中途调岗、辞职/辞退、退休等情况。一般来说，退出的情况越有利于个人，未兑付的激励基金占比应越小；当退出的情况只有利于企业时，应提高这一比例。

综上，企业应让部分有价值的员工先富起来，否则，不仅会使稀缺的激励付之东流，还会冷落其他员工的心。

三、优秀员工都有紧迫感

重返苹果公司后，乔布斯重新确立了规章制度。乔布斯的归来，让工作环境不再安逸闲适，每个员工都感觉到了强烈的紧迫感。

为了让公司走上正轨，在大方向上，乔布斯快速进行大刀阔斧的改革；在细小方面，他打破了层级关系，对所有人施压。他调查了每个人的资料，知道每个人负责的事务。需要问责时，他会越过主管，找直接责任人。他做得非常彻底，如果员工关掉手机、不接家庭电话、不接办公室电话，乔布斯就会亲自走一趟，与他面谈。员工对乔布斯频繁的骚扰颇为无奈。

乔布斯就是用这样的方法，提高了员工的紧迫感。

美国百事可乐公司（以下简称“百事”），采取了一种著名的管理模式——“末日管理”法。在“百事”处于事业巅峰期之时，总经理韦瑟鲁普并没有感到高枕无忧，反而忧心忡忡。

韦瑟鲁普是个极具忧患意识的人，一方面担心汽水行业会走下坡路；另一方面担心同行业的竞争也越来越激烈。韦瑟鲁普知道，鼎盛也是下落的开始。为了防止员工在安逸中逐渐减少工作的积极性，他制造了一场末日危机。他说："如果年收入的增长率达不到15%，企业将不复存在。"在这样的"危言耸听"之下，员工都感到异常紧迫，从生产一线到领导岗位，每个人都在发挥着自己的积极性创造价值。如此，便充分调动了资源，促使企业运作加快，效益自然不断攀升。

无论是乔布斯的"紧迫盯人"，还是"百事"的"末日管理"，都是为了营造一种紧迫感、减少员工的懈怠，激发员工的积极工作意识，提升了工作效率，促进企业和个人的快速成长。

可见，为了打造优秀团队，减少员工的消极怠工，确实可以适时制造一些紧迫感。其实，早在很久以前，人们就已经从"鲶鱼效应"中感受到了提高员工紧迫感的绝佳效果。故事的大概内容是：在运输过程中，为了保证沙丁鱼的存活率，人们将鲶鱼放入了鱼群。鲶鱼是沙丁鱼的死对头，为了避开鲶鱼，沙丁鱼不停地游动、挣扎，结果居然提高了岸后的存活数量。

一家汽车公司的总裁曾面临过这样一个问题：公司有很多游手好闲的员工，严重拖后腿。可是，将他们全部开除，不仅会受到工会方面的压力，企业也会蒙受损失。

一次偶然的机会，通过朋友的介绍，这位总裁认识了一位管理大师。管理大师给他讲述了"鲶鱼效应"的故事，总裁听完故事后，便开始进行人事方面的改革，特别是销售部。销售部经理的观念离公司的精神相距太远，已经严重影响了下属，为了尽早打破销售部只会维持现状的沉闷气氛，经过周密的计划和努力，总裁挖来了竞争对手公司的销售部副经理李力。

李力接任公司销售部经理后，凭着丰富的市场营销经验和过人的学识，以及惊人的毅力和工作热情，极大地调动了员工的工作热情，团队活力大为增强，销售出现转机，月销售额直线上升。销售部作为企业的龙头部门，还带动了其他部门的工作热情和活力。总裁为自己有效地利用“鲶鱼效应”的作用而得意。

之后，公司每年都会重点从外部“中途聘用”一些精干利索、思维敏捷的“大鲶鱼”，公司上下的“沙丁鱼”都有了触电般的感觉。

把紧迫感注入竞争机制，团队就能保持恒久的活力，这也是上面这家公司取得成功的关键。

团队，只有善于引进人才，才能给其他员工施以压力，带动整个团队焕发生机和活力。因此，如果组织内部缺乏活力，效率低下，完全可以引入一些优秀人才，让它搅浑平静的水面，让“沙丁鱼”都动起来。

1.让员工定期梳理制定职业规划

如今，岗位年限越来越短，职业生涯普遍加长，要想提高员工的紧迫感，就要帮他们做好职业路径规划，不断放大他们的价值。事实证明，定期梳理员工的职业路径，丰富优化他们的简历，格外重要。通过职业规划，可以让员工清晰地知道自己的优势，让他们在主业之外发现副业优势，如此当危机来临时，才能帮员工结合自己的经验技能等因素，迅速找到新的突破口。

2.鼓励员工坚持学习，提升竞争力

职场不可控的事情有很多，而可控的就是怎么提升自己。优秀团队的打造，离不开学习力。只要员工掌握了足够的关于某个领域的知识与理论，并在工作中加以历练，自己的综合竞争力就会提升。岗位可能会变动，公司可能会倒闭，但不管在任何时候，只要员工的个人能力足够突出，独具竞争力，就一定能找到属于自己的机会。

3.让员工提升技能，发展核心竞争力

优秀员工从来都不会停下学习的脚步，在各招聘网站上，除了初级职位，与高薪职位相伴的，多数都是娴熟的技能。想要在团队中立足，仅入职还不够，还需要生根发芽，拥有别人无法替代的核心竞争力。所以，要引导员工抓紧机会和时间努力提升，利用一切可利用的线上资源和职场课程，让他们更有收获。

四、薪酬分配：薪是钱，酬是爱

有这样两个案例：

案例1：

甲公司是一家制造企业，在人力资源管理方面起步较晚，原有基础比较薄弱，还没有形成科学的体系，尤其是薪酬福利方面的问题比较突出。

在初创阶段，公司人员较少，领导一个人就能知道给谁多少薪酬。可是，随着人员的激增，过去的老办法已经行不通。甲公司的薪酬等级制度极其森严，员工分为管理人员、高技术人员，普通员工的薪酬等级相差也比较大。因为，该公司认为除了掌握核心技术的员工外，普通员工市场上供不应求，低工资也能雇到人。员工培训的机会比较少，个人发展空间也不大。薪酬等级制度森严，员工上升的渠道不畅通，工作热情不高，有时甚至矛盾重重。

案例2：

乙公司自创事业，从代理销售做起，开办了一家贸易公司。公司建立之初，为了尽快发展，老板除了代理费及产品进货成本外，几乎把所有资金都投入到对销售人员的激励中，对销售人员给予高额的销售提成。这种做法虽然冒险，但还是起到了作用，从而使产品销售量很快提升，公司顺利周转、运作起来。

只用了三年的时间，乙公司便打拼出自己的一片天地。公司稳固发展，雇用了更多的人员，包括管理、辅助等岗位。可是，随着公司的壮大、销售量的攀升，老板终于发现，销售人员提成费用不断攀升，在成本中所占比例越来越大，似乎不太合理；管理人员、辅助人员都在抱怨工资低。

薪酬管理制度是团队管理中比较核心的内容，决定着对员工的激励效果。合理的薪酬制度对企业的发展确实有益，可是薪酬只是手段，并不是最终目的，需要建立一套符合企业发展的薪酬制度，实现员工的最佳激励，进而获得最大的利润。

科学有效的激励机制能够让员工发挥出最佳的潜能，激励的方法很多，但薪酬却是非常重要的、最易运用的方法。因此，如何让员工从薪酬上得到最大的满意，已经成为现代企业应当努力把握的课题。

1.重视内在报酬

报酬可以划分为两类：外在的与内在的。

外在报酬主要指的是团队为员工提供的金钱、津贴和晋升机会，以及来自同事和上级的认同。

内在报酬是基于工作任务本身的报酬，比如，对工作的胜任感、成就感、责任感、受重视、有影响力、个人成长和富有价值的贡献等。

对于知识型员工，内在报酬和工作满意感有很大的关系。因此，团队可以通过工作制度、员工影响力、人力资本流动政策来执行内在报酬，让员工从工作本身中得到最大的满足。

2.把收入和能力联系起来

为了调动员工工作的积极性，就要建立个人技能评估制度，以雇员的能力为基础确定其薪水，工资标准由技能划分出不同的级别。

基于技能的制度，不仅能在调换岗位和引入新技术方面带来较大的灵活性，还能改变管理的导向。

实行按技能付酬后，管理的重点不再是限制任务指派使其与岗位级别一致，最大限度地利用员工已有技能将成为新的着重点。

3.增强员工的沟通和交流

现在，许多公司采用保密工资制，提薪或奖金发放不公开，使得员工很难判断在报酬与绩效之间是否存在联系。

消费者既看不到别人的报酬，也不了解自己对公司的贡献价值的倾向，自然会削弱制度的激励和满足功能，伤害消费者平等的感觉。而平等，是实现报酬制度满足与激励机制的重要成分之一。

4.薪酬有竞争力

要想让员工一进门便珍惜这份工作，把自己的本领都使出来，就要为他们提供有竞争力的薪酬。

事实证明，支付工资最高的企业最能吸引并留住人才，尤其是那些出类拔萃的员工。较高的报酬会带来更高的满意度和较低的离职率，只有制定结构合理、管理良好的绩效付酬制度，才能留住优秀的员工、淘汰表现较差的员工。

5.让员工参与设计与管理

实践表明，与没有员工参加的绩效付酬制度相比，让员工参与报酬制度的设计与管理，更能让员工满意且能长期有效。员工对报酬制度设计与管理的参与，有助于建立更符合员工需要、更符合实际的报酬制度。参与制度设计的过程，不仅能促进管理者与员工之间的信任，还能让有缺陷的薪资系统变得更加有效。

五、用晋升机制，让员工看到希望

人才流失最主要的形式是员工离职！无论企业花费多少精力去培养员工，一旦员工离职，都只能为他人做嫁衣。人才流失的另一种形式，是有能力的员工没有被发现和重用，最终离职。

调查显示，在众多离职原因中，企业的晋升机制不健全占了很大比重。原因很简单，消费者对晋升的关心多于对薪酬的关注。因此，从某种角度上说，企业的晋升机制决定着员工的去留，甚至还影响着员工能力的发挥。比如，员工能力很强，在本职岗位上能力无处发挥，时间长了，就会产生懈怠。即使他没有离职，做出的成绩也会大打折扣。这种情形，自然会影响团队的工作效率。

因此，要想使人才不流失，就要制定合理的晋升机制，留住员工。

1.明确员工晋升通道

要想调动员工的升职热情，就必须了解员工的需求，并以战略为依据设置多条晋升通道，以能力和贡献为基础设置阶梯式的薪酬政策，将个人目标与企业目标统一起来，激励员工向正确的方向前进。

（1）晋升通道与发展战略相联系。企业战略决定着企业的定位和目标，从上至下的人才发展都应服务于战略的实现。因此，员工的晋升通道应从战略出发，描绘出未来几年人才需求的蓝图，即企业需要哪些人才、需要具备哪些素质、怎样达到这些需求……之后，进行工作分析，评估公司的部门及岗位设置。同时，基于业务规模等驱动因素，提出人员编制的合理数值，员工就能清晰地看到自己的发展方向、发展方式、机会大小，也就能更加积极地投身到适合自己的晋升通道中。

（2）晋升通道与员工的个人需求相结合。管理类岗位有限，过度的晋升竞争反而容易造成人才流失，企业应当充分了解员工职业发展的需求，开辟多条职位序列，比如：行政管理序列、工程序列、营销序列、客户服务序列等，在序列之下再规划不同的二级序列。以技术人员为例，并不是所有的技术人员都适合做管理者，他们的专业和爱好一般都在技术领域，企业应当为其提供一条以技术水平为导向的晋升通道，并为晋升者提供相应的奖励。

（3）晋升通道与任职资格制度有机挂钩。即使晋升通道不同，也要根据工作任务的性质和难度，将工作划分成多个递进的级别，并明确各级别在知识、经验、技能、素质等方面的要求，建立合适的人才任职资格体系，让员工实现晋升。需要强调的是，仅简单地明确出初级、中级、高级等各级需具备的条件还远远不够，要进一步细化出新的强化点，使员工知道由初级到中级、中级到高级等具体点。

当然，要想激励员工为晋升而努力，还需要制定配套的薪酬激励政策，只有实行阶梯式的薪酬制度，将薪酬与晋升挂钩，并通过岗位价值评估，才能合理地拉开不同层级职位间的薪酬差距。

2.建立员工晋升机制

要想管好团队用好人，就要建立合理的晋升机制，为员工创造更多的机会。那么，如何建立员工多通道晋升机制呢？

（1）构建任职资格管理体系。构建各职位序列、各岗位的任职资格，是建立多通道晋升机制的基础，也是职位管理与人力资源管理最重要的基础性工作。完成职位序列的划分后，企业要在各职位序列中的各个岗位设立任职资格体系。当然，不必同时建立所有岗位的任职资格，可以先从重要职位或核心岗位入手，例如，关键技术岗位、部门的主职岗位和部门经理的岗位。

（2）设计晋升通道和标准。专业化分工是现代管理科学的核心理念之一，但仅有专业化分工还远远不够，还要考虑工作的交叉问题。无论是直线晋升、斜向晋升还是横向拓展，都需要建立起相应的标准。晋升通道的设计，要立足于工作分析，尤其在设计非直线晋升通道时，更要充分考虑不同部门在工作上的重叠和交叉之处，总原则是：相关性越高越好，避免弱相关或不相关的晋升通道，尤其是跨度较大的序列或部门之间的调动。

（3）依据评价机制履行评价流程。依据评价机制履行评价流程，要以内部竞聘为主、企业任命为辅。具体如表3-2所示。

表3-2　评价机制履行评价流程

步骤	内容	说明
1	进行内部公告与报名	为了鼓励员工报名，要将招聘职位或缺编的职位整理成招聘启事，并在启事上注明任职资格或报名条件，在企业内部进行公告
2	职位申请与候选人评审	如果所招聘职位并非缺编而是取代现有的在职者，为了减少不必要的麻烦，就要对所有申请人的资料进行保密。候选人评审通常由多部门联合组建的评审委员会来完成，最佳实践组合是人力资源部、用人部门负责人（或隔级上级）、分管副总三方
3	公示通过终审的拟晋升人员	在指定时间内，只要是没有异议的人，就可以履新；出现了异议，可以由评审委员会成员安排专人去核实情况；如果异议没有涉及法律法规和道德操守，也不违背任职资格，可以忽略不计
4	进行入职宣誓	被提拔者入职之后，要根据由新职位的职位说明书和绩效目标综合形成的目标责任书，在入职之后履行职位要求上的非绩效类的承诺。例如，道德伦理、职业操守等

（4）打通晋升通道与学习培训的接口。晋升之后，不仅薪酬福利、绩效指标有了变化，任职资格即岗位责任也会发生变化，如此必然会加大企业在员工培训上的投入，否则新晋升的员工就无法满足新职位对其知识与技能、能力素质的要求，影响到员工在新任岗位上工作能力的发挥。

（5）划分职位序列。职位序列的划分可粗可细，具体来说，要结合企业的组织形式、组织规模和职位数量，不能完全依赖于企业规模。

第四章　规范团队打造法则

一、用“刘邦的帝王之术”将天下英才一网打尽

古代中国的历代王朝更替中，只有两次农民起义成就了霸业，一个是朱元璋，一个是刘邦。

汉高祖刘邦的才能虽然不如普通人，却擅长人才管理，是一个大师级人物。他把手下的人才放在合适的位置，让他们发挥出了各自最大的作用。

刘邦最大限度地利用人才的长处，他认为，用人是最重要的成功之道！他的领导艺术，主要有以下几个特点。

1.尽释前嫌

汉六年，刘邦得了天下，已经封了一批功臣，但是还有很多功臣没有受封。

有一天，刘邦在宫殿里走，远远地看到一群人，坐在地上议论纷纷。

刘邦问张良：“那些人在说什么？”

张良说：“他们在商量谋反！”

刘邦说：“不要乱说，天下刚刚安顿，谋什么反啊？”

张良说："陛下得了天下以后，封了一批功臣，多数都是你的亲信，而萧何等人，以及一些以前得罪过你的人，都受了处分。现在功臣们都在想，天下还有多少可以封赏的？跟陛下关系不密切的，甚至以前得罪过陛下的，是不是就得不到封赏了？他们想不明白，于是就商量谋反。"

刘邦意识到问题的严重性，问张良怎么办呢？

张良说："陛下想想看，在这些功臣中，有没有人功劳非常大但跟陛下的关系非常恶劣？"

刘邦说："有！有一个叫雍齿的，非常可恶，一而再、再而三地侮辱朕，朕早就想杀他了，可是他功劳太大，朕又于心不忍。"

张良说："好！请立刻封雍齿，让群臣看看。"

刘邦立刻接受了这个建议，封雍齿为什邡侯。

雍齿获得分封后，功臣们都安心了。

2.开诚公布

刘邦有一个优点，就是开诚布会、以诚相待。只要是张良、韩信、陈平等提出的问题，刘邦都会如实回答，不说假话，即使有些回答很没面子，他也不说假话。

在鸿门宴之前，张良得到消息，说项羽第二天要派兵来剿灭刘邦。

张良曾问过刘邦："大王想一想，你打得过项羽吗？"

刘邦的回答是，打不过。

后来，韩信来到刘邦军中，也提出这样的问题："大王，您的能力、魅力、实力等，都比得过项羽吗？"

刘邦沉默了很久，最终坦诚相告，承认自己不如他。

因为信任和尊重下属，刘邦也得到了下属同样的回报、信任和尊重，尽心尽力地帮他出谋划策。

3.大胆用人

刘邦一旦决定用某人，绝不怀疑。最典型的例子就是陈平。

陈平离开项羽的军队，来投靠刘邦。刘邦很信任他，很多老部下都感到不满意："我们跟着刘邦那么长时间，出生入死，也只混到现在这个位置，陈平一来，就给他那么高的职务……"

有人对刘邦说陈平的坏话，说他："盗嫂受金，反复无常。"

刘邦叫来陈平，问："你原来为魏王做事，后来离开他投奔项王，现在又来跟着我，你的心是不是太多了一点？"

陈平回答："是的！我原来是追随魏王，但是魏王不接受我的计谋，我只能投奔项王，结果项王也不接受我的建议。后来，我听说大王广纳人才，求贤若渴，懂得用人，才来投奔。我一无所有，来到大王军中，如果不接受他人的赠送，不收一点礼金，连饭都吃不饱。我已经向大王提出了很多建议，如果大王觉得这些建议可以采用，请采纳；如果觉得这些计策都没用，他们送给的礼金，我将原数奉还！从此告辞！"

刘邦说："对不起，寡人错了。寡人怠慢先生了，请先生不要介意，请继续留在寡人军中。"

刘邦接受了陈平的主意：项羽疑心重，可以使反间计，砍掉他的左膀右臂。刘邦让陈平亲自操作，立刻拨出黄铜四万斤，交给他，随便使用，不问出入，只要将事情解决了，节约归己。

4.善于用人

刘邦很有自知之明，且清楚地知道，领导者最重要的才能是调动下属的积极性、知道下属都有什么才能、他的才能是哪些方面的？下属有什么性格、有什么特征、有什么长处和短处、放在什么位置上最合适？

事必躬亲的领导不是好领导，只有掌握一批人才，把他们放在适当的位置上，让他们最大限度地、充分地发挥积极性和作用，才能将事业做成功。刘邦深知这个道理，成了集团的核心。

孔子治理国家讲施政，有这样一句话："为政以德，譬如北辰。"北辰就是北极星，众星拱之，北极星是永远不动的，外面的北斗七星都围绕着北极星旋转。领导核心是不动的，要让别人动起来。刘邦就是这个军事集团的北极星；萧何、张良、韩信、陈平、樊哙、周勃、曹参就是北斗七星。

5.多劳多得

刘邦夺取天下后，面临的一个问题就是：如何奖赏功臣？刘邦裁定，萧何第一。结果，人们都不服气。

刘邦说，诸位知道什么叫作打猎吗？打猎的时候，追兔子的是猎狗，而让猎狗去追兔子的是猎人。你们就是追兔子的，萧何是让你们追兔子的。所以萧何是"功人"，你们只能算"功狗"。

萧何最大的功劳就在于，抢救了文书档案！萧何冲进秦王朝的国家档案馆，把秦朝的地图、账本、文件资料全部保存下来，刘邦夺取天下的时候，才能对天下的形势了如指掌，比如：哪个地方穷、哪个地方富、哪个地方有多少人、哪个地方产什么、有些什么情况……刘邦知道资料的重要性，所以论功行赏，萧何第一。

6.招降纳叛

在刘邦的队伍里，很多人都曾经在项羽手下当差。在项羽的部队里待不下，便来投奔刘邦。刘邦敞开大门，一视同仁表示欢迎。比如，韩信、陈平。陈平从项羽的军中逃出来，来投奔刘邦，刘邦非常高兴，当他得知陈平在项羽那里担任都尉时，立刻任命他做都尉。任命以后，人们议论纷纷，老资格将领都表示不服。刘邦不理睬，且更加信任陈平。

7.不拘一格

刘邦不仅很了解别人，还能不拘一格地使用人才，队伍里什么人都有：贵族张良，游士陈平，县吏萧何，狗屠樊哙，布贩灌婴，车夫娄敬，强盗彭越，吹鼓手周勃，待业青年韩信……刘邦把他们组合起来，各就其位，当了“草头王”，他只做了一点，那就是让所有人才都最大限度地发挥作用。

……

其实，刘邦的用人之术就是典型的帝王之术。**使用一定的帝王之术，将天下英才一网打尽为自己所用，既能发挥每个精英的全部才华，又能防止高手团队的反水背叛。**

刘邦非常懂得领导艺术，具备一个作为领导人的素质。也正是由于他能够信任人才、使用人才、充分地调动人才的积极性，才能将当时天下的人才都集结在自己的周围，形成了一个优化组合，从而战胜项羽，走向胜利。

这也是刘邦成功之道的根本所在！

二、用“西点军校的特种兵速成训练法”，将新员工内训练成特种兵

西点军校位于美国纽约州哈德逊河西岸，原名为美国军事学院，因为地处西点镇，所以被人们称为西点军校。

该校建立于18世纪，已经有200多年的历史，是美国第一所军事院校，创办的初衷是为了摆脱对欧洲工兵和炮兵的依赖。19世纪初期，美国总统杰弗逊将其引入正规，在总统的不断努力下，美国国会在1802年正式批准此军校的成立。

西点军校一直奉行“责任、荣誉、国家”的校训，再加上历史悠久，相关部门大力支持，规模不断壮大，培养了大批美国高级军官，比如，闻名遐迩的艾森豪威尔、小巴顿将军、麦克阿瑟等，这些人都为美国的军事建设做出了重大贡献。

此外，西点军校还走出了不少商界精英。“二战”结束后，美国金融界内有1000多名董事长、5000多名高管均出自西点军校。因此，部分美国人认为，西点军校在培养商界领导者方面比哈佛商学院更出色。

使用西点军校的特种兵速成训练法完全可以将一个新入职的员工

在最短的时间里训练成单兵作战能力超强的工作特种兵，没有任何借口地完成任务！其实，我们完全可以用西点军校训练特种兵的方法来训练员工。

盛世电梯股份有限公司（以下简称“盛世电梯”）是一家专业从事电梯研发、生产、销售及安装维保为一体的高新电梯科技企业，是国内唯一一家通过自主创新、掌握核心科技与制造技术的企业。当然，其之所以能够取得这样的成绩，关键还在于打造了一支强有力的团队。

为了增强团队建设，提升公司内部团队凝聚力，2018年8月25日，“盛世电梯”所有员工一起前往西冲海滩开展了主题为“激励团队士气　提升团队凝聚力”的拓展活动。

拓展活动开始，教练先带领大家做了破冰训练，做好热身运动，讲解了拓展纪律、规则，并换上迷彩服。之后，大家被随机分为4个小组，各小组创立了各自的团队文化，包括：队名、口号、队形、队歌。

大家奇思妙想，欢声笑语，不亦乐乎。每支队伍都有一面象征各队荣誉的旗帜，上面写有队伍的名称、口号以及每个成员的亲笔签名，并想一首队歌。

在执行任务中，每个人都能发表自己的想法，参与到任务中，同心同力地完成了拓展训练中的任务。完成任务时，每个人在配合中都做出了最大的努力，速度更快，精力更集中，动作更协调。

随后，开展了“指压板”上“撕名牌大战”和“战马”游戏。该游戏，不仅增强了大家的体能，还调动了团队的积极性、协调性及智慧，提升了团队的互相协作和执行能力，考验了队员间的默契配合度。

该活动极大地丰富了员工的业余生活，让大家在紧张繁忙的工作之余，放松心情，不仅点燃了团队协作的激情，还磨炼了意志，增强了各部门员工之间的交流，增进了员工之间的感情，让员工感受到了“尊重、包容、激励、荣誉”等团队无间的精髓。

三、用“铁三角法则”，将一盘散沙的团队凝聚成无坚不摧的虎狼之师

“铁三角”是NBA最令人津津乐道的传奇之一，公牛的乔丹、皮蓬和罗德曼三人组被誉为史上最佳三人组。这三个人攻守兼备（除了罗德曼），在三角进攻体系下完美契合。

借用全球最顶尖的体育团队，坚持“铁三角”法则，只要用一个月的时间就能将原来相互拆台、一盘散沙的团队凝聚成一支无坚不摧的虎狼之师，对外不拿下不退缩，对内不抛弃不放弃。

华为“铁三角”模式的雏形，最早出现在华为北非地区部的苏丹代表处。2006年8月，业务快速增长的苏丹代表处在投标一个移动通信网络项目时没有中标。原因在于，部门各自为政，沟通不畅，信息不共享，各部门对客户的承诺不一致；与客户接触时，大家只关心自己负责的一亩三分地，遗漏了客户需求，解决方案不能满足客户要求，交付能力也不能使人满意。

为了解决这个问题，苏丹代表处打破了楚河汉界，以客户为中心，协同客户关系、产品与解决方案、交付与服务，甚至商务合同、融资回款等部门，组建了针对特定客户（群）项目的核心管理团队，实现了客户接口归一化，形成了由“客户经理”“解决方案经理”“交付专家”三个核心角色组成的小团队，称为“铁三角”，直接对准客户。

从此，销售不仅仅是一线销售人员的工作，还是小团队作战，客户需要什么就支持什么，不仅容易地达成了客户满意，还使组织对外界变化的反应更加敏捷。

“团队”由两个字组成，一个是“团”，一个是“队”。团，即“抱团、团结”；队，即“队伍、队列”。每个人都会跟企业有所交集，但并不是每个和你有交集的人都可以被称为团队，能够被称为团队的通常都包括三个要素：共同的行动目标、每一个元素不可或缺、清晰的组织纪律。

1.共同的行动目标

共同的行动目标，是团队最基本的要求之一。

共同，意味着至少需要两个或者两个以上的人才可以，否则还何谈抱团、团结？

数量是基本的，然后才是共同的目标。比如，工作中的项目研发团队、销售团队、技术支持团队等。这些团队都是基于业务类型定义的，明确了这些团队的目标和职责。

当然，也有跨部门的业务协作，比如，应对客户的要求时，销售可能需要跟研发、技术支持等部门合作，如此就需要确定一个共同目标：完成客户诉求，达成销售意向。

从服务客户的角度，销售人员会自然地将与目标相关的人员纳入团队，即使是同一个公司也是如此。

2. 不可或缺的元素

一群过马路的陌生人、旅游景点的人山人海，只是团体，而不是团队。原因很简单，因为并非每个人都不可或缺。虽然都有共同的目标——过马路或旅行，但一个人过马路和一群人过马路没有差别，即使少一两个游客，依然是一群路人、一个旅行团。

这种团队不需要协作，成员都不是必需的。所以，真正的团队需要分工协作，不是各人自扫门前雪，更不是单枪匹马地去挑战目标。退一步说，即使某人在形式上属于团队，但在其他团队成员心中也不算团队成员。

3. 清晰的组织纪律

任何团队都需要分工，个人扮演着不同的角色、发挥着不同的作用。

队伍队列的位置有前后左右，团队的职责也各有不同。拿一个制造部门而言。有人负责生产计划的安排，有人负责制造工艺的编排，有人管控过程品质，有人参与直接的制造工作……可是，大家的目标一致：生产质量合格的产品。每个环节缺一不可，分工更加清晰而明确。

此外，还有一个纪律问题。无规矩，不成方圆。既然是团队分工协作，自然也离不开规矩制度的约束。计划的安排要结合工艺要求和制造能力的实际，每一环节既与他人不同，又相互约束和支持。

可见，目标、协作、纪律是一个团队的三个支架，正是这个三角形结构组成了最稳定的团队关系。

基因三

营销系统：
解决如何卖的问题

营销系统解决的是如何卖的问题，即如何不花一分钱让企业、品牌打响知名度？

第五章　用广告促进宣传推广

一、对谁说？——找到目标客户

制定营销方案的时候，企业面临的最大问题就是把产品卖给“谁”？也就是确定目标客户群体的问题。市场很大，消费者众多，企业在确定目标客户群体的时候，首先要针对所有的客户进行初步判别和确认。

在初步确定目标客户群体时，必须关注企业的战略目标，主要包括两方面的内容：一方面是寻找企业品牌需要特别针对的、具有共同需求和偏好的消费群体；另一方面是寻找能帮助公司获得期望达到的销售收入和利益的群体。

认真分析居民可支配收入水平、年龄分布、地域分布、购买类似产品的支出统计，就能将消费者进行初步细分，筛选掉因经济能力、地域限制、消费习惯等原因不能为企业创造销售收入的消费者，保留可能形成购买的消费群体，并对可能形成购买的消费群体进行某种分解。

1.如何精准定位广告目标用户？

不同的产品，针对的用户也不同，只有精准定位，才能更好地进行推销，节省推销成本，节省人力物力。这里的关键问题是，又该如何高效地定位产品用户呢？如表5-1所示。

表 5-1　高效地定位产品用户方法说明

方法	说明
认真做好市场调查	可以针对产品做一次市场调查，看看门店想开在哪个范围，这是确定产品试用范围和目标的比较好的方式。通过调查，就能确定购买人群，确定广告目标
登记好客户资料	如果产品已经开始经营、有一定固定的客户，就可以根据客户的登记资料，确定客户人群，在此范围里面重点做广告。同时，可以跟客户询问产品完善的方法，发展新客户
根据产品性质定位客户	不同的产品有不同的使用人群，用不着某种产品，不管广告做得多好，都是失败的。例如，减肥产品或美容产品，使用者多数都是女性，因为女性爱美；而打火机、钓鱼竿等，男人一般更喜欢
通过产品试用确定客户	产品初上市时，可以搞一次产品试用，看看对产品感兴趣的都有哪些人。将这些人的资料统计起来，就能针对这部分人群做广告了
适当进行网络投票	可以做一次网络投票，通过问题的方式来召集投票人员，问题完成，指向的就是你的产品；然后，再看看确定的是哪些人。如此，就能有一个大概的定位了
通过经济收入精准定位	如果产品比较高大上，价钱也不菲，就可以通过经济收入来确定向哪些人投放广告，然后加上家庭情况的调查，做好精准定位

2. 目标客户的确定

目标客户，是企业或商家提供产品、服务的对象。做广告前，目标客户的选择与确定是宣传成功的关键。广告不能光靠嘴，更多的还要靠头脑，选择与确定目标客户是重要内容之一。

（1）客户是否真正需要产品。客户对产品的购买取决于客户的需求，客户对产品是否真正有需求及需求的强烈程度在很大程度上决定着广告的难易程度甚至成功与否。因此，在选择与确定广告的目标客户时，应该探测客户的需求，搞清楚自己的产品是否真正适合客户的需求。一般来说，客户会购买自己需要的产品，而不是自己想要的产品。客户的理性比感性更能有效促使其购买，在做广告之前，应该确定对方是否真正需要该产品。一定要选择有真正需要的客户，因为只有这样，才能把产品有的放矢地宣传出去。相反，如果客户不需要这种产品，无论是多么好的广告，也无法实现预想的宣传效果。

（2）客户是否具有支付能力。可能每个人都需要私人飞机、豪华轿车和别墅，但并不是每个人都能买得起。因此，准备打广告前，要考虑一下客户是否具有支付能力。客户的支付能力一般可以通过公开的财务信息了解到，也可以通过直接询问、参观访问、同行评论、市场反应等分析得到，还可以从多种途径进行调查。例如，往来银行、税额、已公布的各种财务表、请教往来客户等。不过，该阶段的调查是初步调查，只要掌握客户的基本资料，就能知道客户的大概支付能力。

（3）客户是否有接近的可能性。如果选择的目标客户根本无法接近，那么你的选择就是失败的。只有客户有接近的可能性，才能获得成功宣传的机会。也就是说，广告能否接近自己所设定的目标客户是一个值得考虑的问题。比如，年轻人一般都难接近大人物，不适合亲自求见，最好是请自己公司地位相当的人物先去做广告。总之，不能接近的对象就不能当作目标客户来看待。

（4）客户对产品是否有使用能力。客户对产品是否有使用能力，也就是客户是否懂得正确使用产品。如果产品在使用上需要特殊技术，必须考虑目标客户是否具有使用这种产品的能力、可否以援助服务加以解决等。如果客户实在没有使用能力，援助服务也不能解决，这样的广告效果就会很差。即使勉强推销给他，将来也会发生种种麻烦，甚至会因此导致货款难以收回问题。

（5）客户是否具有决定权。有些客户，苦口婆心地花了很多工夫对其推销产品，却发现他“不当家”，便只好以失败而告终。如果客户无决定权，广告将很难成功。只有有决定权的客户，才有希望购买产品；无决定权的客户，即使再有需求、再想购买，也不可能实现交易。因此，选择目标客户时，应了解决定权掌握在谁手上。

二、如何说？——多些创意

生活中充满了各种广告，有一种广告叫作创意广告。

创意广告，是公共关系广告的一种形式，以企业的名义发起、组织各种社会活动，并利用这种公关活动创造出具有利于社会进步、有利于企业发展、有利于产品销售的新观念。

自2016年，“拼多多，拼多多，拼得多，免得多……”这支广告主题曲横空出世后，拼多多通过线上线下各种社交媒体发声，将这种洗脑模式的品牌触达效果无限放大。于是，品牌名声在短时间内得以迅速传播，只要听过一次神曲，就能在脑海里挥之不去，对品牌留下深刻印象。

2018年“10·10”拼多多迎来了三周年庆典，品牌向外发布了一支新的主题广告片——《谢谢每一个拼过的你》。在这支短片里，拼多多抛开以往给受众留下的“洗脑”印象，构建了6个现实中的场景，用6个普通人的日常工作状态，反映了社会许多人的普遍现状。

“为了梦想，你拼到了梦里头”。从白天工作到夜幕降临，直至剩下眼前亮的这盏灯，为了自己那份梦想而不断奋斗。

“为了自食其力，你拼尽全力”。在公交车上修改工作资料，依然抵挡不住袭来的困意，一地散落的文件，是努力的痕迹。

“为了生活，你起早摸黑地拼”。消费者还在睡梦中，此时你早已起床择菜干活，挑着重担在乡间小路行走，只为了能更好地到达目的地。

“为了孩子，你拼成了女飞人”。送孩子上学后，匆匆忙忙踩着高跟鞋赶公交，但总有不尽人意的时刻，让你不得不坚持。

“为了家人，你没日没夜地拼”。家人熟睡后，是该工作的时候，黑白颠倒的生活不是自己想过，而是不得不过。

“为了生计，你拼上所有勇气”。在别人眼里，可能这只是个普通的高空作业，但真正在那么高的楼层边缘徘徊，也心惊胆战。

……

看完那支短片，很多人都深有感触，剧情虽简单，却是许多人的影子。这些人来自各行各业，从白领、职场妈妈到干活的老农、开货车的司机和高空作业的工人，通过这些普通场景，将一些人的现状都浓缩进短片里，异常真实。这些普通人直击人心，因为在身边的可能就是你我，很容易感同身受，因此更容易拉近品牌与受众的距离。

通过借助场景，用能轻易触动人心的情感营销方式来表达品牌诉求，与消费者实现了沟通。

值得一提的是，在每一部分镜头中，拼多多都将产品植入到剧情中，营造出了“品牌给生活带来的转变与美好”：加班到深夜，打开品牌app购买毯子，好好照顾自己；公交上文件散落，可以买个文件袋，把一切都放心装好；长途步行很累，可以购买一个代步工具；高跟鞋不方便赶车，就买双运动鞋；高空作业时惊心动魄，可以买副手套，栓紧安全。

仔细品味拼多多的广告，通过温情的品牌植入，每一份努力与拼搏都与品牌宣传的“拼单省钱”很好地联系在一起。

创意是市场营销制胜的一大法宝，这些创意完全可以拿来借鉴！

创意广告的形式有很多种，主要有：搞笑型、公益型、惊奇型、讽刺型、雷人型、夸张型、无聊型等多种。要想提高广告传播效果，就要在创意方面动足脑筋。

（1）采用微电影的形式，通过故事来传递产品与受众之间的关系，激发受众的好奇心。

（2）采用纪录片的手法，通过真实的画面，向受众传递产品在时代发展中发挥的作用。

（3）邀请知名专家或普通大众来证明产品的真实性和优点，让受众相信产品功效，提高产品广告短视频的营销力度，达到事半功倍的效果。

（4）通过简洁明了的示范，突出产品具有的独特优点；可以与同类产品做比较，突出产品的优点。

（5）结合时事热点，在产品广告短视频中点明社会热点与产品的联系，引出产品主题。

（6）用幽默风趣的表现形式表现产品特点，让受众在轻松愉快的气氛中接受广告信息，在脑海中留下深刻印象。

（7）通过设置悬念，引发受众的好奇心，使他们的注意力更加集中，然后顺势引出产品概念。

（8）运用夸张的手法，提出问题，然后自然地引出产品，提供解决方案。

（9）邀请知名人士代言，用名人的公众影响力来提高产品知名度，吸引目标受众的目光，刺激人们的购买欲。

三、在哪里说，说多少次?

广告是随着产品经济的发展而出现的衍生产业，随着广告形式的多样化，广告投放平台大量增多，很多企业都实现了产品和服务的广告推广平台的转移。比如，自媒体平台、网络媒体平台；同时，这些平台也拥有了庞大的用户群体。将这些平台作为主要的广告投放平台，就会取得可观的广告宣传效果。

针对产品和服务的个性化特点，针对不同的平台用户，播放不同的产品和服务推广广告，才能提高广告播放的针对性。

1. 微信朋友圈广告投放平台

微信朋友圈广告投放平台目前所起到的广告宣传效果很受商家青睐。

微信是使用范围最广的自媒体平台，用户基数庞大，用户的年龄范围跨度广，由微信朋友圈作为广告投放平台，推广产品宣传范围之广，影响效果之大，是其他自媒体平台所不能相比的；而且，消费者对于微信朋友圈的刷新频率及使用次数，都是单日量阅读量最大的，由微信朋友圈投放的广告，基于其庞大的用户基数，用户也就不会反感微信朋友圈广告；以独特的方式将广告融入消费者的阅读习惯中，会在不知不觉中进行软性插入，没有任何强制性阅读行为。

2. 微信公众号广告投放平台

微信公众号运营是很多商家都会搭建的宣传平台，几乎每个品牌都拥有自己的微信公众平台，用户可以随时关注公司的最新动态。

微信公众号所达到的广告效果针对性强，对潜在客户所产生的影响巨大，能够提高产品的销售量和公司品牌宣传效果；而且，随着微信公众平台运营逐渐趋于完善，微信公众号对于广告插入的方式也是多种多样。

此外，微信公众号平台图文所表现的一些形式，有时让读者浏览都觉得不是广告插入，更像优美的散文，读者在接受产品文化的同时，也能吸取到自己需求的事情。

3. 网络广告投放平台

网络广告是随着互联网的出现而出现的，它很好地利用了互联网传播信息迅速的特点。由该平台发布的信息会以难以想象的速度迅速传播到任何互联网用户存在的角落。

随着互联网影响范围的逐渐扩大，网络平台让很多商家开始将广告投放的重点放在互联网平台。利用其传播快的特点，将广告放在网络平台进行播放，到达了互联网可以达到的角落，提高了产品和公司品牌的宣传效果。

互联网广告平台进行广告植入，收费标准价格略贵，但是取得的效果也是其他方式无法比拟的。

4.视频广告投放平台

在所有广告投放平台中，视频广告是播放效果比较好的广告投放平台之一，视频广告播放画面清晰，色彩艳丽，能够给观看者带来巨大的视觉冲击，加深产品对于潜在客户的印象。同时，视频播放对于产品和服务阐述到位，表达清晰，还可以运用肢体和文字语言进行多方位的阐述。

最大的问题在于，有的视频广告播放平台广告插入时间过长，让用户产生了排斥心理，只有恰到好处地控制住广告时间，在观众可接受的科学范围内运用平台进行广告投放，才能取得理想的效果。

5.图文形式广告投放平台

图文形式的广告投放平台，是最传统的一种平台，也是使用时间最长的一种广告形式。

这种投放平台以阅读和文字为主，可以表达产品和服务所具有的功能和属性，文字爱好者完全能够通过享受阅读的过程而汲取商家传达的产品信息。

图文广告虽然形式传统，但年龄较大的用户也对图文形式的信息情有独钟，能够很好地宣传产品。

四、最后的效果如何

为什么你的广告，没有效果？下面，我们就从产品、策略、渠道、内容、落地五个方面来解释。

1.产品

如何通过产品，来看最后的效果？

（1）差异化的产品无法驱动使消费者购买。举个例子：智能穿戴苗头正旺的时候，很多公司都推出了带有温度计的水杯；有些公司则在深圳地铁打广告，“人体饮水在35~40℃为最佳，要科学饮水，购买带有温度计的保温杯。”先不讨论让消费者看温度喝水是不是一个伪需求，仅多了一点利益驱动，就想让消费者付出更多的成本，并不能刺激购买欲望，广告自然效果不大。京东上带有收音机音响的水杯，虽然价格比较贵，但依然取得了理想的销售额。

（2）产品概念没有转化为核心竞争优势。企业开发新概念、创新产品和技术的同时，需要转为现实的企业核心竞争优势。如今，很多公司的创新概念还没有转化为核心优势，广告就已经大张旗鼓，最典型的就是乐视。很多概念都是有前置条件的，虽然可以抢占高地，但客户还能看到一堆前置，对品牌造成损伤，只不过有些损伤被体量掩盖了。这时的广告没有太大效果，等同于形象产品。

（3）忽视了产品开发战略和导入市场的周期。新产品的开发一般都具有一定的战略意义，全新的产品、模仿的产品、改进升级的产品等，有些是为了突破市场压力、占领新的市场；有些是为了保持领先地位，做战略防御，维持市场占有率。广告出击速度过慢，效果就不会明显。比如，宝洁公司用多个品牌走“单一定位战略”，使每个品牌各占据一个细分市场。

当然，有些是为了掩盖某种情感抵触和品牌在大众心中留下的刻板印象，比如，丰田公司的雷克萨斯，之所以要起个很欧洲的名字，原因有二：一是很多国家其实很排斥日本车；二是丰田在很多西方国家人民心中就是便宜省油车的象征。

2.策略

通过采用的策略，我们也可以对最后的效果窥见一斑。

（1）产品策略偏离心理诉求。消费者需求的个性化使得产品的概念也在不断延伸，效用和单纯的利益已经无法满足消费者，消费者对于产品的期望和附加的诉求已经越来越明显。在物理特性之外，产品本身传达的行为特点和心理特点，大大影响着产品策略，甚至决定着产品的成功与否。

速溶咖啡和一次性尿布刚上市的时候就受到了产品策略的影响，没有取得理想的广告效果。速溶咖啡，物美价廉，冲泡简单，又省时间；一次性尿布，干净卫生，使用方便，又能省去洗尿布的麻烦。可是，两家产品在刚上市的时候，全部受阻。原来，当时的消费者都认为，消费这样的产品意味着懒惰，于是速溶咖啡在广告宣传上从改变不用洗煮、省事省力的特点，转变为宣传咖啡的口味和质地；一次性尿布开始宣传比布纸尿布更柔软、舒适、干爽的特点，两家产品迅速流行起来。

（2）广告宣传与市场策略错位。某家公司华南地区市场早已饱和，产品的市场占有率很高，市场拓展趋缓，于是公司调整市场策略，将华东、华北作为市场开发的主力地区。可是，公司在进行广告宣传的时候，没有进行适时调整，主力广告的投入依然停留在华南地区，没有跟上市场策略转变的脚步，其新市场开发效果可想而知。

（3）广告策略落后于竞争对手的转变。神州专车和滴滴快的在刚进入市场的时候，面临的主要竞争对手是出租车，为了区别于通用交通工具，于是提出了“专车”的概念，“坐得好点”变成一种诉求。市场发展的后期消费习惯已经养成，神州专车便以“安全”为主要诉求点来进行传播，专人专车对滴滴私家车存在的不安全因素进行攻击。

3. 渠道

仔细查看产品渠道，也能了解到最后的广告效果。

（1）广告投放渠道不精准甚至错位。没有绝对的用户精准渠道，虽然很多大企业都推出了大数据，对用户进行标签化，记录用户习惯，进行内容的算法推荐，但是投放广告的时候至少要选取多数目标客户都会聚集的渠道。不同的消费群体决定着企业要选择什么样的受众渠道，“60后”和“90后”接触的渠道完全不同，发展火爆的媒介不一定能传达到产品的目标受众中去。

（2）对消费时段、环境和购买场景洞察不够。产品销售有淡旺季，媒介渠道也有流量大小的不同时段，选择正确的投放渠道，要注意渠道上每个时段，找到适合产品推广的时间。产品是选择线下销售，还是线上销售，决定着目标群体会在哪里购买、决定着用户的消费环境。因此，要明确：产品放在货架的什么位置，货架通道上都有什么产品？

4.内容

不同的广告内容，得到的效果也是不同的。

（1）广告内容不符合媒介渠道特性。微信公众号、微博、电梯广告、高架广告牌是完全不一样的，每个媒介都有自己的内容特点，比如：微博，文字最好控制在140字；新媒体视频，最好不要超过3分钟；消费者在电梯广告停留的时间只有3s，高架广告可能就是一瞬间的事情，广告内容最好在一瞬间抓住眼球，获取注意力。

（2）卖点太多，混乱不堪。优点太多等于没有优点，很多路边招牌都恨不得把所有的经营范围全写在上边，有些招牌上甚至没有店名，只有经营范围，颜色还特别辣眼睛。人的记忆是懒惰的，认知负载理论认为：负载的大小取决于工作记忆中同时被处理的信息的数量和已存在的图式的联系。也就是说，人在认知过程中处理的信息越少，与已有知识经验越相近或联系越多，越容易理解和记忆。

5.落地

广告的落地，决定着最终的广告效果。

（1）消费需求被刺激后，不能立刻转化为销售。搁置就意味着流失，转化通路越顺畅，流失的就越少。高架广告牌除了给传统分销商信心以外，也可以实现直接的销售转化。比如，很多的旅游景点、温泉酒店做的“高速口下来1公里”的广告。

（2）广告通路没有问题，落地销售出现问题。广告打得很响，粮草是先行了，但走得太快，部队没有跟上，消费者产生购买欲望想要购买的时候，买不到产品，产品铺货渠道太少、范围太小，商务拓展和市场开发缓慢，下载了你的APP，却发现所在的地区没有一家商户入驻，搜索附近的公寓都显示暂未开通。

（3）围绕营销事件的配套推广不够。好不容易研发出来的产品获得了国家奖项，对外的宣传工作却做得远远不够，然后就起不到效果；企业花了一大笔钱做了一场周年演唱会，推广却少而单一。更有甚者，企业做广告片花了几十万元，可是花在宣传的费用却不及制作成本的1/10，本末倒置，成本和推广严重不对等，传播效果不明显，投入产出就更不用说了。

第六章　用正确的模式将钱收回来

一、收钱的商业模式

1.免费模式

美国的行为经济学家曾经做过一个这样的实验：

研究人员在街头出售两种类型的巧克力：一种是品质更好的牛奶巧克力，一种是普通巧克力。出售牛奶巧克力时，他们将价格定为每块15美分，该价格大约是巧克力进货价格的一半；而普通巧克力的价格则是1美分。顾客经过思考发现，虽然价格不同，一个是另一个的15倍，但巧克力的品质更重要。最终，73%的人选择了品质较好的牛奶巧克力，选择普通巧克力的人只有27%。

实验在继续。

研究人员把每种巧克力的价格都降低了1美分，牛奶巧克力的价格变成14美分，而普通巧克力则变成免费的了。最后，69%的顾客选择了普通巧克力，只有31%的顾客选择了牛奶巧克力。但两种巧克力之间价格和质量的差异始终都没有发生改变。

将免费的理念引入销售，顾客的偏好就会在无形中发生逆转。

商业出现以来，免费似乎就成了一种非常有力的促销手段。

过去，经济是建立在物理产品上的原子经济，而以原子经济为基础的“免费”，从来都是“羊毛出在羊身上”的商业化的促销手段。21世纪，随着互联网时代的到来，一种以计算机字节为基础的比特经济就此建立。而在此基础上，免费就转变成了一种全新的商业模式，催生了大规模的数字经济。

在免费的商业模式下，原有的商业思维变得不再适用，“免费”也就成了字节经济时代的一种有力的商业武器。该模式的核心是“设计企业隐性的利润空间”，即延长企业的利润链条，设计免费项目，最大限度地吸引客户，在下一个阶段实现盈利。

“六个核桃”由河北养元智汇饮品有限公司生产，也是中国最早开始做的核桃类养生饮品的品牌。

“六个核桃”是一款与我们童年记忆密不可分的饮料，由央视著名主持人陈鲁豫代言，其广告语是：“经常用脑，多喝六个核桃！”这款核桃植物蛋白饮料能舒缓大脑疲劳，适合经常用脑的学生和白领饮用，广受欢迎。

其实，在“六个核桃”之前，露露已经成为营养饮料行业的霸主，要从露露手里抢市场非常困难。只有绕开露露的路走，“六个核桃”才能生存下来。

“六个核桃”经过研究发现，消费者主要在两种情况下会购买露露：一是作为礼品送给亲友；二是作为儿童饮料零售。最终，借助衡水老白干的力量，“六个核桃”和老白干一起被捆绑在一起，作为餐桌饮料在饭店里供应。在餐厅消费，很多人都会点饮品，喝过“六个核桃”后，多数人都愿意到超市商店去再次购买。于是，“六个核桃”成功地打开了市场。

在饭店成功“开路”后，“六个核桃”采取“画圆销售”策略：先选定一个点，通常是市区，在消费能力高的地方，开始做推销宣传；然后，往四周扩散，做社区推广、校园推广；最后，消费者普遍认知自己的品牌后，往各大零售店发力，最终大获成功。

针对农村市场，“六个核桃”销售队伍直接到学校推销，让孩子们免费试喝。如果孩子喜欢，自然就会回家让家长购买。结果，这款专门针对补脑的饮料受到家长尤其是毕业生家长的欢迎。

开始给顾客免费体验，降低顾客进入门槛，或始终有些免费的项目，顾客就会产生舒适、预约的心理感受。顾客不买你的产品，不是因为他们不想买，而是他们不够了解你、信任你，因为你的门槛太高了。先让他们免费进入，了解，认同，就能购买、成交。

这些年，免费模式已经不断地渗透到各个行业中，行业内部和行业之间的“洗牌”速度逐渐加快。未来，免费模式还会让行业之间的界限变得越发模糊，彻底颠覆我们对原有行业的认知。

（1）产品型模式。获得免费产品，对于消费者来说，具有极大的吸引力，因此要想吸引客户，完全可以设置一款免费产品，之后再进行其他产品的再消费。这种模式是产品之间的交叉型补贴，即某个产品对于客户是免费的，而该产品的费用由其他产品进行补贴。

产品型模式分为三种，如表6-1所示。

表 6-1　产品型模式说明

模式	说明
诱饵产品的设计	即设计一款免费产品，培养大量的潜在目标客户
赠品的设计	即将一款产品变成另一款产品的免费赠品；将同行业或边缘行业的主流产品变成我方的免费赠品
产品分级的设计	即普通版的产品，客户可以免费得到；高级版本或个性化的产品，客户需要资费

（2）时间型模式。时间型模式是指在某个规定的时间内对消费者进行免费。例如：一个月中的某一天，或一周中的某一天，或一天中的某个时间段。采用这种模式，要将具体的时间固定下来，让客户形成时间上的条件反射。该模式，不仅可以提高客户的忠诚度、提高宣传影响力；客户还会消费其他产品，进行产品之间的交叉补贴。有些行业具有明显的时间消费差异，比如，电影院，上午看电影的人就非常少，因此完全可以在上午对客户进行免费，吸引大量的客户在上午进入电影院；电影结束时往往是中午，客户自然就会进行餐饮等其他消费。

（3）跨行业型模式。将其他行业的产品当作诱饵产品或赠送产品，吸引客户消费行业的主流产品。跨行业型模式是指企业将其他行业的产品纳入企业的产品体系，而纳入的产品对于客户来说是免费获得的，条件是消费企业的主流产品。这种模式会让行业之间的界限变得越发模糊，会将一个行业部分或全部地并入另一个行业。

（4）体验型模式。对待一款新产品，客户一般都会抱着怀疑与渴望的双重态度，由此，让客户感觉到安全与信任，也就成了企业营销的核心。所谓体验型模式就是，让客户先进行体验，获得客户的信任后，再进行成交。这种模式，可以分为两种：一种是企业设计可以用于体验的产品，客户可以免费体验该产品，感觉良好后再进行消费；另一种是与时间挂钩的免费体验，客户在企业的时间内可以免费体验该产品，而后进行资费长期使用。

（5）第三方资费模式。消费产品的客户能够获得免费的，向企业资费的是想拥有客户的第三方，如报纸、电视、广播、杂志等。消费者是免费获得，而资费方是第三方企业。

（6）客户型模式。对一部分人群进行免费，也能获得另一部分人群的消费。企业完全可以找到一部分特定的客户进行免费，对另一部分客户进行更高收费，实现客户与客户之间的交叉性补贴。核心在于，找到特定的客户群，比如，女士免费男士收费、小孩免费大人收费、过生日者免费朋友收费、老人免费家属收费等。

（7）功能型模式。有些产品的功能可以在另一些产品上体现，因此完全可以将另一种产品的功能对客户进行免费。功能型免费模式是指将其他产品的功能在产品上进行体现，让客户免费使用。比如，手机免费了相机、U盘等功能。

（8）空间型模式。为了拉动某一特定空间的客户数量，对于指定空间，让客户获得相关免费。空间型模式是指该产品或服务对于客户来说是收费的，但是指定的空间或地点客户可以享受到免费待遇。

（9）耗材型模式。有些产品的使用需要消耗大量材料，从而对该产品进行免费，对耗材进行资费。消费型模式是指客户将免费获得企业的产品，但是由该产品引发的产品（耗材）客户需要资费。

（10）增值型模式。为了提高客户的黏性与重复性消费，必须对客户进行免费的增值型服务。例如，服装可以做到免费烫洗；化妆品可以做到免费美容培训；咖啡厅可以做到免费的英语培训等。

2.复制模式

复制的力量是异常惊人的，可以让生命不断地延续和进化；可以让财富创造的速度提升无数倍；可以让思想变成技术的力量……复制给世界带给了翻天覆地的变化。打造出一个成功的单店模式后，想要做强做大，就要借助复制来扩大市场版图。

举个例子：ZARA（飒拉）。

ZARA（飒拉）是1975年设立于西班牙隶属Inditex集团旗下的一个子公司，既是服装品牌，也是专营ZARA品牌服装的连锁零售品牌。

ZARA深受全球时尚青年的喜爱，是全球排名第三、西班牙排名第一的服装商，在87个国家设立两千多家的服装连锁店。

其采用的就是复制模式，举例如下：

（1）复制一线品牌的：面料、设计、模式、店面选择的方式及大小、选址地址等。

（2）复制终端产品的：①工业化制造。一线手工制造太贵，采用中端便宜的工业化制造。②中端产品的价格。

总之，ZRAR不是简单的复制，它是一线品牌与终端品牌复制的杂交品。

中小企业的发展依赖于复制，只有大企业才会搞研发，消灭研发，最好将生产也消灭掉。而这种利润永远都是最低的！比如，美特斯邦威就是将生产设计都去掉了，直接购买的设计。

记住，复制的强大生命力，势不可当。**文化层次低的企业，可以复制产品功能；高层次的企业，还可以复制产品的战略和营销模式。**

中小企业要将所有的资源都聚焦在品牌营销上，集中所有的资源打歼灭战，做最有杀伤力的事情，产生最大回报。

对连锁企业来说，可复制的有哪些内容呢？

（1）门店复制。门店的复制，会带来销量的剧增，这也是连锁带来的最直接反应。以服装行业为例。走进国内的各大购物中心，总能看到琳琅满目的国外服装品牌，体现出强大的复制能力。鞋包行业也一样。以奢侈品品牌为代表的LV，2018年度的净利润为63.5亿欧元，同比增长18%；销售额增长了10%，达到468.2亿欧元，创历史新高。其旗下大多数品牌的中国消费增速达到两位数，销量大涨。

相比之下，中国本土的服装或其他品牌的产品，却无法实现这种大规模的迅速扩张，甚至难以在主场找到立足之地。究其原因，不仅与大环境、消费者的消费意识有关，也与连锁企业的发展模式、经营理论有关，这是本土连锁企业需要学习和精进的地方。

（2）文化复制。文化的力量是惊人的，能给企业带来截然不同的驱动力。

文化的复制，实际上是团队力量的复制。在建立企业时，企业家通常都带着某种初衷和目的，可以称为企业愿景。但企业家个人的力量是有限的，无法独自将所有的事情都做完，由此，组织和团队就诞生了。而要想实现企业愿景，就要把企业目标贯彻到每位成员身上，让所有单一的个体都发挥出最大潜力，实现整个组织的高效运转。

而要想让一个庞大的团队快速有效地发挥出最大潜力，就要学会复制。通过企业文化复制，打造高效的团队，就是文化复制的效用。

（3）分部复制。连锁企业的经营不能只局限于一个区域或一个国家，要让企业走向全国、走向世界，发展成跨国公司。而要想实现这一格局，就要具备连锁的复制能力。

所谓跨国经营就是分部的复制，比如，跨国公司通过设立分公司、子公司，把公司管理延伸到世界各地，比如，微软、英特尔等公司都是借助这一方式实现业务全球发展的。众人熟知的大型汽车公司，如丰田、福特等，并没有在国土范围内全程生产汽车，再运往世界各地，而是通过技术链和管理链，把汽车制造化整为零，将汽车制造技术分派给不同厂商，实现了更加广泛的汽车制造商连锁。

（4）模式复制。宝洁公司的产品涉及诸多领域，从美发产品、洗涤用品、婴儿用品，跨越到剃须刀、电池等产品，甚至还有食品。虽然涉猎面广，但这些跨界产品有不少品牌都深受消费者认可和青睐。原因就在于，宝洁在品牌经营方面，找到了一种属于自己的、成熟的模式。通过对这种模式的复制，产品线路不断拓宽，保证了品牌的市场占有率和认可度。

3.第三方支付模式

所谓第三方支付模式就是，由顾客以外的第三方企业来支付运营费用，而顾客是免费的。

例如，观众看电视剧是免费的，广告商赞助电视剧，属于第三方支付。

再如，谷歌、百度等平台，上网、搜索都是免费的，由企业和广告商来支付这笔钱。

再如，家乐福超市价格最低，超市并不挣钱，它的战略是用低价扩大人流量、家乐福的利润来自自由超市带动的周边商销、房屋出租等利润。

记住：**没钱，就是因为脑瓜不够灵活。学会借力使力，用他人的钱做自己的事情，才是高手！**

（1）第三方支付的特点。在第三方支付交易流程中，支付模式使商家看不到客户的信用卡信息，同时又能有效避免信用卡信息在网络上多次公开传输而导致信用卡信息被窃。以B2C交易为例：

第一步，客户在网站上选购产品，最后决定购买，买卖双方在网上达成交易意向；

第二步，客户利用第三方作为交易中介，客户用信用卡将货款划到第三方账户；

第三步，第三方支付平台将客户已经付款的消息通知商家，并要求商家在规定的时间内发货；

第四步，商家收到通知后按照订单发货；

第五步，客户收到货物并验证后通知第三方；

第六步，第三方将其账户上的货款划入商家账户中，交易完成。

可以看到，第三方支付具有显著的特点：

第三方支付平台提供一系列的应用接口程序，将多种银行卡支付方式整合到一个界面上，负责交易结算中与银行的对接，使网上购物更加快捷、便利。消费者和商家不需要在不同的银行开设不同的账户，可以帮助消费者降低网上购物的成本，帮助商家降低运营成本；同时，还可以帮助银行节省网关开发费用，为银行带来一定的潜在利润。

利用第三方支付平台进行支付操作比SSL、SET等支付协议更简单。SSL是现在应用比较广泛的安全协议，在SSL中只要验证商家的身份。SET协议是目前发展的基于信用卡支付系统的比较成熟的技术。但在SET中，各方的身份都需要通过CA进行认证，程序复杂，手续繁多，速度慢，且实现成本高。有了第三方支付平台，商家和客户之间的交涉由第三方来完成，使网上交易变得更加简单。

第三方支付平台依附于大型的门户网站，以与其合作的银行的信用作为信用依托，能够较好地突破网上交易中的信用问题，有利于推动电子商务的快速发展。

（2）第三方支付实现原理。除了网上银行、电子信用卡等手段外，还有一种方式也可以相对降低网络支付的风险，那就是正在迅猛发展起来的利用第三方机构的支付模式及其支付流程。在实际的操作过程中，第三方机构可以是发行信用卡的银行本身。进行网络支付时，信用卡号及密码的披露只在持卡人和银行之间转移，降低了应通过商家转移而导致的风险。

同样，当第三方是除了银行以外的具有良好信誉和技术支持能力的某个机构时，支付也通过第三方在持卡人或者客户和银行之间进行。持卡人首先和第三方以替代银行账号的某种电子数据的形式传递账户信息，避免了持卡人将银行信息直接透露给商家；另外，不必登录不同的网上银行界面，每次登录时，都能看到相对熟悉和简单的第三方机构的界面。

第三方机构与各个主要银行之间又签订有关协议，使得第三方机构与银行可以进行某种形式的数据交换和相关信息确认。这样，第三方机构就能实现在持卡人或消费者与各个银行，以及最终的收款人或者是商家之间建立一个支付的流程。

二、从战略角度，分析盈利模式

1.盈利源于“信息不对称”

作者在对中国企业和经济进行评述的时候，不仅采用了大量的数据进行对比，还经常挖掘更多大家所没有的信息。通过不同的视角，形成与众不同的观点，也由此成为众人关注的核心。

这就是盈利的基本要求——信息不对称。

例如，买衣服，在恒隆广场的阿玛尼西服是多少钱？在淘宝上一件号称最潮流的女装多少钱？不论价格高低，在恒隆买阿玛尼的人从来都不会认为自己吃亏，而在淘宝买廉价女装的人也不会认为自己品味就低。为什么东西有巨大的差异，而消费者都能有正面的认知呢？这就是信息不对称。

所谓信息不对称，就是当消费者接受的情报信息少于企业掌握的信息时，消费者对于信息的判断来自经验、企业和其他渠道，而企业所传达的信息，本质上就是“想让消费者看到的信息”。这是一种基于对消费者的理解，对信息进行加工的后果。

为什么不同的消费者买到不同的东西还依然感觉良好？因为目标群不同，对于事物的理解不同。客户喜欢金色的，企业会让他们看到金色是最好的；客户喜欢银色的，企业会让他们看到银色是最好的。而事实上，也许最好的是黑色，是客户根本就没有看到的东西。

信息不对称，双方沟通就会出现偏差，消费者看不透成本，自然也就看不透产品。

从战略营销的观点来看，信息不对称就是：消费者不知道真相；消费者误以为发现了真相。

2. 盈利基于“标准的设定”

进行对比分析时，作者会讲述一些国际的成功案例，然后制定相应的标准，对中国企业进行评价。

标准的设定，是最好的方法。建立高标准，然后让人们自己找到差距，进而产生努力或者自卑感。只要人们发现了差距，企业也就有了盈利的机会。

人的一生，是不断发现差距并弥补差距的一生。弥补差距的过程，就会出现无数的赚钱机会。人如此，企业经营同样如此。

战略营销认为，标准的设定对于企业的发展有三个意义：知道未来在哪里，寻找自己努力的方向，聚焦资源；知道差距在哪里，寻找自己的短板，快速成长；知道如何限制对手，“一流企业建标准”——谁定规则谁就赢。

3.盈利赖于“客户的喜好”

所有的盈利模式，都是基于对消费者的理解，发现需求并为此设计专业的解决方案。客户喜好是构建盈利模式中最核心的一个环节，该过程可以形象地比喻为：谈恋爱。

（1）谈：通过交流发现客户的需求和期望，找到喜好的根源（发现）；

（2）恋：有了一定的认知，进一步有所依赖和期待，精准描述产品价值，激发消费者欲望（认知）；

（3）爱：发生购买和长期的合作关系，成为客户认同的有效的解决方案（认同）。

只有深入研究消费者，才能真正发现产品的价值。

4.盈利成于“专业的品牌”

从本质上来说，专业品牌就是建立消费者的信心和信赖，这是建立消费者选择的根本依据。

品牌是什么？战略营销认为，品牌就是消费者信赖的理由。我们发现，真正盈利的产品都是有品牌的，如星巴克的咖啡。品牌的溢价超过了固定的原料成本的一倍，要获得更高的盈利，就要构建更高的品牌，而在这个过程中，越是专业的品牌，越能获得更多的信赖，被客户选择的概率也就越高。

战略营销认为，盈利的构建过程就是专业品牌构建的过程。

（1）品牌就是认知和信赖；

（2）专业的品牌就是某个领域中的王者和地位；

（3）品牌的专业意味着值得信赖的背书和依据；

（4）品牌建立的过程，除了建立品牌的核心价值，关键还要建立消费者的认知路径，换句话说，就是进行专业的忽悠。

成功也许不能复制，但历史是高度相似的重复，商业不鼓励原创，借鉴就能成功！

第七章　别样的营销方法

一、用“必成交的营销高压锅”，把陌生客户煮成快速掏钱的大客户

在日常的销售过程中，企业对待顾客的热情程度往往会随着顾客对产品的挑剔而慢慢减弱，如此只能错失这一单。“必成交的营销高压锅”，让陌生人防不胜防，无法抗拒，绝对成交，有效率高达99%！

一天，一位顾客走进了门店。小李从这位顾客的神情做出判断，觉得这位顾客是闲来逛的，于是从架子上挑了一件感觉很适合她风格的衣服，走上前去，微笑地说：“你好，这是我们家今天刚上架的新款，不论款式，还是颜色，都很适合你，你不妨试穿一下。”

顾客看了看说：“我不太喜欢这款颜色，有没有其他颜色的。”

小李：“还有个天蓝色的，我觉得你的肤色还是比较适合这款粉色。”

顾客：“我以前没穿这种颜色的衣服，担心驾驭不了！”

小李说：“这款粉色的，颜色没有那么娇艳，低调而文雅的颜色很适合你。你试着穿穿看，肯定比你想象中的好看。来，这边请！”

穿完之后，顾客说：“嗯，穿着效果确实比看的效果要好很多，这

款衣服多少钱？”

小李说：“199元。”

顾客说：“打折吗？”

小李说：“这是一个时尚快销品牌，价格也最贴心，我敢保证，从我们店买走的东西价格都一样。”

顾客说：“嗯，那你教教我，该蝴蝶结怎该么打？”

听了顾客的话，小李寻思这单多半能成交，心里暗喜，说：“好的。”

教完了之后，小李说：“你是直接穿在身上，还是我给你打包？”

顾客说：“我再看看吧，我怕打不好这个蝴蝶结。”

小李愣住了，心想我伺候了你大半天，衣服也看中了，就因为这个蝴蝶结打不好就不要了？

小李觉得顾客可能顾虑的是价格，于是说：“刚开始的时候我也打不好蝴蝶结，练习练习，慢慢就好了。你在我这免费学了这么一招，回家多练习几次，就出徒啦。我这么认真地教你，衣服穿在身上的效果还那么好，你就收了吧。”

顾客也觉得不好意思了，说：“好吧，给我包起来吧，原本只想下来溜达溜达，没打算买衣服，没承想让你忽悠了买了一件。”

小李嘻嘻笑了笑：“好嘞，谢谢你的支持。”

可见，面对这样的顾客，不仅要有耐心，还得适当地给顾客实施点压力。

在销售工作中，经常会听到这样的话：“不着急，等降价再买”“等考虑好了再买”“现在没那么多钱”。面对这样的顾客，究竟该如何让他马上购买产品呢？故意制造产品短缺，会直接刺激到顾客果断买下产品。尤其是消费者甚至还认为，越是得不到的东西，就是越好的；越难得到，越想得到。那么，究竟该如何制造产品短缺呢？作者认为，只要记住下面六句话即可。

第一句："您看的这款产品现在比较紧缺，您现在准备做决定吗？"

（1）向顾客推销产品时，顾客本来急着想拥有一款，却一直犹豫，这时可以说："我们就剩下最后一件这种款式、颜色的 ×× 了；您如果想要，我可以替您准备好，明天上午就可以取货。如果您现在选择等一等，我担心这款 ×× 马上就会被人买走。而且，上午我们刚刚卖出两款其他颜色的，您现在就能做决定吗？"

（2）旅行社向顾客推销某景区的门票时，通常都会跟顾客说："如果您现在还不赶快买，就买不上了。这是近几个月最优惠的一次，也是最后一次了，就剩最后三张票了，您是不是现在就要作出决定呢？"

通过以上两个案例可以发现：只要产品的数量有限，就可以给顾客制造紧迫感，对于不能果断决策的顾客，此方法同样有效。

第二句："这款已经被人订购了，您再看看别的款式。"

越是难以得到的东西越想得到，对顾客紧追不舍，顾客就越是谨慎。推销员越热情，顾客越不习惯，要利用顾客的这种心理，让他们主动购买产品。比如，可以跟顾客说："实在抱歉，这款产品已经被其他顾客预定了，您要不要再看看别的款式。"顾客听到这样的话，都会觉得这款产品卖得不错，不然不会有那么多人订购。

第三句：“现在是限时抢购，您还犹豫什么呢？”

商场搞限购活动，有些顾客却说：“没关系”“买的时机还不到”。原因何在？因为顾客心里都有一种想法：“还有一次机会出现”，如此做决定，自然就会变得优柔寡断。其实，让顾客认为机会只有一次，他们的胆子也会变得很大。比如，做广告，广告上写着“只有一次机会”或“只有最后一次机会”，顾客就会认为，如果不买，就会错失良机，下定决心的概率自然就要比平时更高、更果断。

第四句：“您现在看的这款已经没货了，要不然您再看看其他型号的？”

消费者购买商品，看好一款产品，推销员却说：“已经没货了”，心里感受会如何？不仅会感到失落，甚至还会拒绝购买这款产品。记住，对于顾客来说，越得不到，就越想得到；越不想让顾客知道，顾客就越想知道。

第五句：“正好只剩下最后一件了，我现在就帮您包起来吧！”

很多时候，明明向顾客展示的是新产品，但顾客却只喜欢未拆封的。如果刚好库房里没货，调货来不及，该怎么办？直接说：“这款产品已经是全新的了，如果还有全新的产品，我肯定会拿给你”，虽然比较诚恳，但说服力太差。正确的回答应该是：“实在抱歉，刚刚给您拆开的就是最后一件产品，之前没有拆开过，您的运气非常好。这款属于热销款，我先帮您包起来吧！”这样的回答才会让人感到更真诚一些。

第六句："要不您先试试，不然过几天有可能会没货。"

顾客犹豫不决，最后说："产品确实不错，不过我想下次带着 ×× 一起过来看看。"对于这样的顾客，直接说："也行，那就等下次带着嫂子来看看。"这就相当于没努力，将顾客白白放走了，顾客离开后，回来的可能性会非常小。正确的回答应该是："今天您不带 ×× 来看产品确实有些太可惜了，毕竟这款产品非常适合您，而且价格现在还是活动价。再过两天，活动就结束了，要不然您先试试，怕过段时间价格直接恢复原价或者是过几天有可能会没货。"这样的回答，先肯定顾客的选择，之后让顾客亲自试用产品，刺激顾客对产品的需求程度，可能会让顾客直接购买产品。

使用"必成交的营销高压锅"，只用24小时，就能将陌生客户煮成快速掏钱的大客户。

二、用"小米参与营销法"，为企业插上互联网的翅膀

最近几年，消费者选择产品的决策心理已经发生了巨大转变。用户购买一件产品，从最早的功能式消费，到后来的品牌式消费，到近年流行起来的体验式消费。

小米的热销，就源于全新的"参与式消费"。

向幸运用户赠送新产品。"米键"是小米手机的新产品，为了增强新产品的功能，使"米键"更能符合广大"米粉"的需求，在发布新

产品的同时，也在小米社区征求用户意见，围绕话题“我最希望米键帮我实现的功能是……”任意展开讨论，并通过抢楼回复活动选出幸运用户，赠送小米米键作为奖励。这一话题得到了用户的积极反应，比如，有的用户希望米键能实现天线功能、听收音机的时候不要总插耳机等。这些用户的反馈，有利于完善新产品的功能，或许能为米键打开更为广阔的市场。

赠送优惠券或优惠折扣。小米公司在征求用户创意、吸引用户参与互动话题时，为了吸引用户参与，会赠送F码等优惠折扣。比如，对小米电视进行有奖问答，以“你知道小米电视里的高清播放器是做什么”为问题，让用户转发，答对的用户还能获赠一个红米F码。

除了满足用户物质方面的需求，小米公司也非常注重精神方面的激励。比如，对在小米社区中展示优秀创意，彰显用户的个人价值；奖励用户尊贵特权和手机勋章。比如，在小米社区中发起“一周酷玩讨论”的活动，每周更新本周的讨论话题，内容包含但不仅限于业界、数码、手机等，鼓励用户提供有价值、有意思、有深度的评论，优秀的评论进行置顶展示，彰显用户的个人价值或选取精彩评论，奖励作者米粒。

小米手机重视用户参与，尽可能地满足用户需求，鼓励用户参与到产品的创新活动过程中，与用户保持顺畅的沟通，通过社区或论坛等途径，用户就能不断地分享与小米手机有关的产品技术、使用技巧等内容。这种吸引用户参与的做法，拉近了小米与用户之间的距离，提高了小米的知名度和美誉度。

使用“小米参与营销法”，就能为企业这头猛虎插上互联网的翅膀，一个月内获得千万个以上的潜在客户，并确保你的网站在开通的当天就赚钱，从而让企业变成一台互联网自动赚钱的机器！

用户在产品中的参与度体现，即用户在产品过程中，自身对产品或对其他用户做了哪些有影响力的行为。用户的参与度，又可以细分为两个方面，具体包括以下几点。

1.用户在产品设计或制造过程中的参与度

用户在产品设计或制造过程中的参与度，在有形的产品中更为突出。旧工业时代，用户对产品的参与很少，将某个产品卖给某个用户，基本上商业活动就完成了；用户之后的行为，仅限于该用户和具体产品之间的互动。

无论用户如何使用产品，都不会对产品造成太多的影响。也就是说，从公司或企业的角度来说，产品更新换代更多地来自市场中的问题，或一些重量级人物的意见或建议。用户的真正需求，反馈声音很小，经常会被商家忽略，致使很多产品设计脱离了真正用户，生产出来的产品并不被大众买账。

（1）你的产品，为什么需要用户参与？包括很多失败的创业公司，失败的重要原因都是创始人描绘或构想的场景并没有被真正用户所证实，甚至连自己的用户是谁都不知道。当产品设计和制造完成后，没有太多人去关注、去使用，创始人投入了精力和金钱，却赔得血本无归，只得收拾收拾，找公司去上班。当初微软最早上市的平板电脑，类似现在的iPad，就是因为思想太超前，没有结合当时的市场大环境，得不到市场认可，最终只能草率收场。

新工业时代，用户可以直接投入到产品的设计过程中，对产品的方向提出意见和建议，对产品的方向和策略产生影响。目前，很多公司都广泛采用了这种形式，培养出所谓的粉丝经济。大量用户聚集在一起，讨论产品的需求和想法，商家收集到这些反馈，就能将测试产品发布给用户体验，之后再通过用户反馈继续完善。正是因为用户参与到了产品的设计中，该产品的忠诚度都非常高。小米手机就采用了类似的做法，培养了大批忠诚米粉，给自己带来了丰厚回报。

（2）你的产品，为什么需要用户参与？随着互联网的深入发展，用户在产品设计的参与度必然会越来越突出。目前，有的商家已经能够为用户提供完全的定制化服务，即用户提供自身的个性需求，商家根据用户需求，设计制造用户期望的产品。这样的产品，用户自然会更加喜欢。

2. 用户在产品使用中的参与度

为什么社交类产品的用户黏性高，而信息类的用户黏性会比较低？根本原因就在于，在不同的产品形态中，用户的参与度不同。用户的参与度越高，对产品的忠诚度也就越高；产品的用户黏性也就越高，用户迁移的代价也就越高。

互联网时代，用户已经不再是跟冰冷的机器互动，也不是仅跟死板的信息做交互，已经完全形成了一种“人—网络—人”的模式。人最终互动的主体是人，而所有的中间态，不管是信息，还是视频，都只是为了给后续的互动润点色，由此才能催生出一代又一代的网络模式。

你的产品，为什么需要用户参与？互联网最早的时候，仅仅是信息的单方面传输，比如，新闻信息，哪家内容多，就去哪家，对产品没有忠诚度。到了近期，产品一般都要向用户互动或社交方面转换，似乎不沾点SNS，都不好意思跟别人打招呼。因为，只有这样，才能提升用户在产品使用中的参与度，才能促使其更多地与其他用户进行互动。

对于产品来说，只有满足用户的这种需求，他们才会贴到该产品上去。如今，单向消费已经没有意义，用户的需求需要刷个人存在感，使信息在用户之间转起来，用户自己可以决定哪些信息转到哪些地方，一旦这种模式建立和完善起来，整个产品就会形成良好生态，运营人员也就可以下班回家了。

比如，百度贴吧。有些贴吧已经人气爆棚，而各贴吧内部和贴吧之间也已经形成了良好的生态，这种用户自发建立起来的模式，基本上就非常稳定，其运营不需要太多人的干涉。

三、用“好莱坞电影造势法”，吸引足够的注意力

所谓借势营销，简而言之就是，“蹭热点”，就是通过消费者对热点的关注，在汹涌而来的注意力潮流中分得一杯羹。但是，如果没有“势”，没有热点，又急需东风，怎么办？造势营销。比如，公司最近要发布新产品，也想试试“借势营销”，却发现没“势”可

借，这时候，要想解决该品牌的营销策划问题，就要认识一下“造势营销”了。

深圳火王燃器具有限公司以下简称“深圳火王”曾搞过一次促销活动的造势，在《人民日报》上公开征联，上联为“深圳火王个个孔明诸格亮”，征求下联，头奖5万元。此联源于古时的一个“绝对”：据说，纪晓岚是清朝才子、对联圣手，妻子曾出了一个上联“纱布糊窗个个孔明诸葛亮”，他被难倒。该联中嵌入了人名，下联必须以人名对应，需要意境吻合。多年来，一直都无人对出，堪称绝对。

深圳火王推陈出新，原联是说“用纱布糊的窗格在灯火照耀之下，纱布孔透明窗格洞亮”，而深圳火王的上联中的“孔明”是指热水器的燃气“孔”的火光“明”亮；而“诸格亮”则指热水器的各种规格都亮丽夺目。一个月后，下联选出——“五洲用户家家居易百乐添”，以唐朝诗人白居易（字乐天）应对，将深圳火王广大用户的状况入联，合情合理，堪称绝对。

这个征联为促销活动造了一个很有文化品味的声势，使促销活动有声有色地开展了起来。

营销造势的关键是要根据自己产品的特色和个性，捕捉利用市场机会，推出精心策划的强有力的促销活动，使产品一露面就带给用户心理上的冲击，进而形成鲜明的、个性的印象。

什么是造势营销？就是通过主动制造事件，引起广泛关注，从而获得传播势能。但是，造势并不意味着一定要大张旗鼓、投入重金，其核心是找到一个“支点”，用最小的力气撬动大众的传播势能。在

产品没创造出来之前，吸引到足够的注意力，就能刺激客户足够的购买欲望，让客户渴望购买你的产品。

市面上一个新品的出现，在推广和销售的过程中总会遇见各种困难。所以，营销造势就显得尤为重要。那么，如何正确使用这种方法呢?

1.借助名人发挥意见领袖的作用

名人一般都有大量的粉丝，自身的人格魅力有着不可小觑的影响力。他们说的一句话，甚至也能流传甚广。如此，就为借势营销提供了重要的基础。借势营销的具体方法是：确定一个即将推广新品的相关话题，新品相关话题要持续得火热。因此，需要早早地为新品做营销造势。

名人对新品不断发声，发布一些惊人的理论或通过社交平台不断做引发猜测的小事件，就能引发媒体持续报道，让社交网络上持续存在正面和负面两方面的评论，就能引起粉丝和网友的关注，增加新品人气，达到推广销售新品的目的。

2.借助已发生的热点事情为新品造势

例如，可以影响社会民生的地铁涨价事件。每次的地铁调价都影响着百姓出行，在百度实时热点上也位居榜首。商家就可以借助这一事件在地铁口进行即时的广告："购买扫码赢出行500元红包活动。"如果觉得关注度不够，还可以让工作人员装扮成蜘蛛侠、维尼熊等，增加关注度和人气。如此，这样的营销活动才是走心的、充满关怀的，才能拉近企业与消费者之间的距离。

3.达到轰动一时的强烈冲击效果

要想达到轰动一时的冲击效果，在新品上市之初，就要把户外的喷绘广告全部制作完毕；大街小巷的大广告牌上，要雇用大量人手连夜安装，全部换上自家的平面广告。第二天市民们出行，只要看到绿化带、机动车道和自行车道铺天盖地的商家广告，就会产生一种震撼感，打响企业和新品的知名度。

基因四

渠道系统：解决在哪卖的问题

该系统解决的是产品在哪卖的问题。如果渠道不给力，业绩不理想，如何提升业绩、拓展渠道。

第八章　选择合适的营销渠道

一、销售人员直销

下面是一个营销界人尽皆知的寓言故事：

两家鞋业制造公司分别派出了一个业务员去开拓市场，一个叫杰克逊，一个叫板井。

他们两人在同一天来到了南太平洋的一个岛国。到达当日，他们就发现当地人全都赤足，不穿鞋！从国王到贫民、从僧侣到贵妇，竟然无人穿鞋子。

当晚，杰克逊向国内总部老板拍了一封电报："上帝呀，这里的人都不穿鞋，有谁还会买鞋子？我明天就回去。"

板井也向国内公司总部拍了一封电报："太好了！那里的人都不穿鞋。我决定把家搬来，在此长期驻扎下去！"两年后，那里的人都穿上了鞋子……

做销售最重要的素质是什么？不同的人有不同的答案。有的人说是专业性，有的人说是沟通技巧，有的人说是亲和力等。作者不否认这些素质在销售中的重要性，它们是成功的必要条件而不是充分条件。

对于大部分企业来说，销售团队的战斗力是否强大，决定了企业的收入。然而，现实中要招到“适合”企业的销售人员并不容易。一般情况下，销售部门的人员流动率会显著高于其他部门，更高效地甄选销售人员，不仅能极大地降低企业成本，还能让管理者将精力聚焦于销售。

当然，在销售人员的挑选上，就像是选红酒，并非价格越高越好，最主要是要“适合”自己。以下各项，只要有一项不符合，即可视为候选人并不适合。

1.符合企业文化

初创企业人员少，资源有限，往往一人身兼数职，工作杂且强度大。要形成一个有凝聚力的且富有生产力的团队，很大程度上依赖于共同的梦想（愿景）和做事的准则（价值观）。

举个例子，Can Do精神（积极进取）。初创公司几乎都非常看重人员的这项基本要求。初创企业没有明确的职责边界，而是“公司需要我干什么，我就干什么”；较难兼顾工作和生活的平衡，多数都是“996工作制”。

选择销售人员，可以采用下面的技巧：

（1）刻意安排候选人在周末或下班时间做一些事，比如，参加一个非工作时间的市场活动。

（2）在第一轮面试前，要求候选人花时间做一些额外工作。例如，做3~5个客户访谈、制作一份PPT，看看他们是否愿意接受，以及做的质量如何？

2.高度认同产品

销售人员对自己将要销售的产品必须具有高度的认同感。沟通中，语言只能发挥20%左右的作用，而语音语调和肢体语音发挥的作用占到约80%。销售人员对自己的产品认同感不足，跟客户介绍时，就会显著降低自信和气场，无论销售人员怎么说，都无法感染客户，客户都会觉得没兴趣。

甄选技巧如下：

（1）对产品兴趣度都不高，认同度更不会高。可以让候选人体验产品，辨别其对产品的“兴趣”度：兴趣度高的，会表现出好奇，会追问很多问题。让候选人举出对于类似产品的比较及思考，提出一些不足和改进建议等，如果没有问题，就说明他的兴趣度不高。

（2）体验后，让候选人讲讲对产品的感受。需要注意的是，在这个环节，不要光听他（她）怎么说，还要用心去感受其表述时的精气神，判断其对产品的认同程度。

3.对销售工作充满激情

销售是一项有挑战性的工作，客户的拒绝、指标的压力、竞争的激烈，都非常考验销售人员的逆商。缺乏对销售工作的激情，也就无法获得出色的业绩。如何才能看出销售人员对工作的激情呢？

（1）激情。对工作充满激情的，就能在逆境中积极主动，遇挫折不气馁，以及必胜信念，为了明确这一点，可以通过模拟挑战场景来检验。例如：“如果你去年业绩完成300万元，今年给你设定700万元目标，你会如何应对？”如果销售人员的回应点是在探寻各种可能性、机会点，而不是否定“这怎么可能”，就是比较理想的候选人；如果对方立刻表现出负面、拒绝、对抗性等，则说明候选人的激情不足。

（2）销售。在面试中，有些销售的兴趣和激情在于“解决方案设计”“学习客户最佳实践”等，而不是成交，自然也就不是理想的候选人。如此，就可以通过迂回方式提问来检验。例如，请描绘一下你心目中自己“成功”的画面是怎样的？然后，看看他所描述的场景和销售的关联如何。

4.关注客户，高情商

在很多销售过程中，销售的成功取决于很多因素。例如，需求的把握、决策人员的关切、评审标准的判断等。只要在一个方面出现疏忽，都会影响到最终的成单。

（1）客户关注。面试是候选人推销自己的一个过程，为了考验对方，可以问：“通过刚才的交谈，说说看，你对我招聘时特别看重应聘者的哪些方面是怎么理解的？”

（2）高情商。看看候选人如何表达面试官的优点，表述产品缺点、表述方式是否不令对方感到尴尬？可以询问对方：“请说说你对我的印象怎么样？”“说一条你觉得我们产品需要改进的地方。”

二、电话直销

训练有素的专业人员所拨打的每一通高品质的电话，都能给企业带来巨大的利润。

一位老总到深圳听陈安之老师的总裁班课程，非常激动，想把这种教育带到当地，让当地更多想成功的人尽快地成长起来。于是，他组织了一帮在当地销售领域很优秀的人士，积极投入到市场的运用中。

首先，对市场进行电话咨讯、调查和调研，分析后发现，想成功的人很多，但不知道具体的方法。他们决定请亚洲权威陈安之先生到内地进行公开授课，向寿险业、广告业销售领域的朋友展开电话咨讯传播攻势。1000个听课指标，电话营销人员仅用了15天，就完成了。当时，业务人员仅有8人。

电话带给企业如此之高的工作效率！

以电话为主要沟通手段，通常为打电话进行主动销售的模式，借助网络、传真、短信、邮寄递送等辅助方式，通过专用电话营销号码，以公司名义与客户直接联系，并运用公司自动化信息管理技术和专业化运行平台，就能完成公司产品的推介、咨询、报价和产品成交条件的确认等。

电话销售的关键在于，电话销售中的沟通表达方式。要想在最短的时间里了解顾客的最大需求及是否为目标客户，可以设计对的问题、问对的问题、沟通进效性的问题，发现目标客户内在的深层需求。

电话是企业未来市场份额占有率的重要生产力。向客户提问对的问题，在适当的时候，就能获取更大的利润。电话销售成功的因素在于以下几点。

1.准确地定义目标客户

目标客户到底在哪里，哪些客户最有可能使用你的产品？做电话营销，首先就要搞清楚这些信息，否则，每天打出再多的电话，也可能是徒劳无功的。

池塘里有很多条鱼，各种各样的，你希望得到哪种鱼呢？首先，要观察，想得到的那种鱼大多集中在什么地方，不要没有目标地胡乱钓鱼。在目标客户最集中的地方寻找客户，才能取得理想的效果，才能提高效率，所以一定要准确地定义目标客户。

2.良好的系统支持

用确定的客户关系管理系统来做支持，跟客户一起来共享资源，包括销售效率，管理效率就能大大提高。此外，要想实施电话销售，还要在电话中跟客户建立起一种信任关系。该信任关系基于两个层面：一是企业与企业的信任关系；二是企业与个人的信任关系。

例如，你的产品品牌足够大，客户购买你的产品很可能是出于对产品品牌的认可度、对公司的信任度，这就是企业与客户的信任关系。五个销售人员都跟客户接触，客户可能会跟一个销售人员来合作，因为他可以跟该客户建立起一种销售关系，是一种企业与个人的信任关系。

3.多方参与的电话销售流程

没有明确的销售流程，会造成相互牵扯不清的局面。比如，销售人员的主要工作是为了筛选销售线索，然后把销售线索转给外部销售人员，假如某个销售人员判断这个客户应该是一个目标客户，但是当他把这个销售线索转给外部销售人员后，外部销售人员却认为该客户不是公司的目标客户，就会出现双方对某些问题认识上的不清楚。所以，企业一定要明确一个电话销售的流程。

4.准确的营销数据库

有了目标客户，还要做一个准确的客户数据库，由销售人员每天从数据库中调出自己的客户资源，然后去打电话、跟进等，销售效率也会大大提高。

5.各种媒体的支持

要想实施电话销售，就要想尽各种办法从企业层面上把自己的产品品牌建立起来，吸引客户主动给你打电话，他有需求时，自然就会主动打电话，销售效率也会有很大的提高。

三、网络直销

网络直销的力量远比发单页的效果更强烈、更精准、更及时。

一次，门店某品牌阿胶再次涨价，店长把盖有厂家公章的阿胶涨价通知，通过朋友圈转发，通知上写有自己门店的电话、地址和微信号等信息，并在评论上写道“各位亲爱的小伙伴们，真的不骗你们，再不买，真的来不及了”。

小小的一条微信，竟然帮助店长在阿胶涨价前的短时间内卖出去20多斤！有了这次成功的微信营销经历，店长要求每次做活动都将店里的氛围、各类活动单页海报等拍照，凑齐九张图，每天按九宫格的模式发送，并留下门店的联系方式。于是，每次做活动，各店都必须派专人接听电话、解释活动，通过微信渠道吸引来的顾客络绎不绝。

网络营销的目的是通过互联网渠道把产品销售出去，随着互联网的多元化发展，互联网的销售渠道变得多样化，互联网也从单一的传播媒介，演变成为产品销售、品牌营销、客户服务、智能大数据的平台。在信息传播的出口建立信息的据点，让消费者快速有效地找到产品信息，增加品牌的曝光度，跟传统线下零售在核心关键渠道快速铺货，建立产品的曝光度，是一个道理。因此，要在BAT三巨头的平台内快速有效地建立阵地，投放搜索引擎广告，增加百度问答数目，建设百科词条。

1.建立线上信息据点

随着互联网的发展，消费者也处在一个信息爆炸的时代，消费者接受信息的方式不再是通过传统媒介单一的单向接收方式，而是在各种海量信息之间去寻找最优的选择，选择的方式更倾向于自己的社交圈。

事实证明，只有系统化地建立线上信息据点，才能让产品快速展现在目标消费者面前。线上的信息据点建设应该按照点线面的原则，逐步覆盖。围绕搜索引擎深挖的平台销售是网络营销的渠道，通过电商平台的入驻和自建商城的建设，建立出货的通路，消费者就能通过通路购买产品，参与到产品的互动中。

微博是一个公关媒介，通过对外广播的方式，就能实现信息的传播。而微信基于社交圈的分享扩散，更具备私密性。在品牌公关的角度，通过微博的广播和微信的社区分享，就能达到不同的传播目的。

只要建立了自身的官方传播线，就能传递出品牌的权威性；针对品牌的公关传播，就能实现平台销售线的突破。信息的传播和销售是紧密关联的，持续关注，赢得更多的互动，不管是微信的分享互动小游戏，还是微博的关注分享转发，都能在整个循环里构成网络营销的信息流通面。

2.深挖产品深度

在过去的网络营销过程中，依托线上的高人气销售，衍生出了很多网络品牌。不管是淘品牌，还是O2O品牌，都能将产品卖点传递给消费者，逐步深挖产品深度，在消费者内心建立起信任感。

只有深度挖掘产品深度，才能让消费者记住你！那么，如何做才能到这一点？

（1）人无我有。“人无我有”始终都是商贾的生意理念。在资源匮乏的年代，“人无我有”讲究的是产品的稀缺性，可以卖个好价钱。资源丰富的时代，“人无我有”更应该体现的是独一无二和新奇特。传统销售门店内往往会陈列价格昂贵的稀奇产品，向消费者展示自身实力，让消费者产生信任感，稀奇产品也会在无形中拉升店铺产品的深度。网络营销更应该深挖产品的深度，借助产品的独特部分，扩大自身在消费者心中的影响力。

（2）人有我精。互联网时代人们更喜欢看脸，因为双方的不了解，第一印象往往决定着双方是否愿意尝试；网络营销不能实际触摸，视觉包装自然也就决定着消费者是否愿意尝试使用你的产品。好的产品在包装上可以体现为两部分：一部分是产品卖点，另一部分是产品传递的理念。比如，“三只松鼠”的卡通元素快速俘获了少女的芳心，还传播了产品理念；精细化的表现，超出了产品本身的产品价值。

3.销售场景化

每个人都生活在不同场景交织的环境里，在不同的场景里自然会产生不同的需求，应该针对不同的场景给消费者设计方便使用的产品。

网络营销同样需要场景化的营销方式，比如：从简单的在页面上设置专题活动页，赋予专题页面概念，到落地到产品优化……只有不断地挖掘场景下的产品需求，把产品的场景化设计运用做到最简单，才能将使用者的智商拉到最低线。

普洱茶的357g饼茶形式，是过去为了方便运输而留存下来的产品样式，已经完全满足办公室人群的食用习惯。于是，针对办公室人群特定场景化的使用习惯，专门开发了单次剂量的免洗快充产品样式，针对单一人群进行场景化销售，提高了销售的故事性和趣味性，且易于传播。

4.话题引爆

网络营销是通过信息的传播来实现的，“酒香还需多吆喝”，更符合整个网络环境下的营销推广。只有宣传得好，才能被更多的人知道，才能让更多的人使用。那么，如何吆喝，并让更多的人参与到吆喝的队伍中？这里，就涉及了所谓的口碑营销。

故事和话题是最容易被消费者分享和传播的，挖掘产品独一无二的特性，制造与产品相关的话题，让目标人群参与话题的讨论，是网络营销推广的重要一环。

四、电视购物

电视购物作为无店铺零售的一种形式，拥有广电媒体传播属性和商业市场营销属性，经过多年的发展布局，已经形成电视大屏为主、多渠道协同发展的生态格局，拥有过亿的会员群体规模。

20年前，中国台湾东森频道在1999年12月21日开播，成为中国台湾第一家电视购物台，24小时不间断地播放购物节目。

一年多后，电视台工作人员在线下选产品时，发现劳斯丹顿手表像是劳力士与江诗丹顿的结合，又有些说不清道不明的劳斯莱斯即视感。销售总经理带着销量不好的劳斯丹顿上了电视，没想到一炮而红。不仅台湾本土杂牌手表大卖，总经理还借夸张的表演和营销话术成为新一代电视红人。

六年后，这名总经理转战大陆，发布了“八星八箭顶级奥地利水晶钻”的广告，几乎渗入每一个卫视频道，品牌总经理的名声传遍大江南北。

这就是电视购物的初体验。

从严格意义上来说，电视上看到的购物共分为两种：一种是20世纪90年代初诞生，出现在卫视节目广告时段，以电视购物形式制作并播放的广告，即电视购物卫视广告片；一种是2006年前后大范围兴起的家庭购物台，由国内卫视主导单独开启购物频道，比如，湖南卫视旗下的快乐购等。

此间，国内对于电视购物的监管不断规范化。根据《广播电视广告播出管理办法》规定，所有电视购物短片广告将作为广告管理，而在电视购物频道播出的居家购物节目将作为广播电视节目进行管理。

2003年8月28日，上海文广新闻传媒集团与韩国CJ家庭购物株式会社签订合资合同，成立上海东方希杰商务有限公司，开始进军家庭购物产业。在韩国媒体2010年的新闻报道中，能看到东方购物曾经的辉煌：上海经雕琢过的钻石，一半销售量都是通过东方购物卖出的，金条也是主要销售产品。

此外，中国VIP顾客还可以通过电视购物购买外国汽车。2009年共销售出了25台1亿3000万韩元（约合80万元人民币）的无限，以及300台1500万韩元（约合9万元人民币）的雪佛兰。

如今，钻石、金条等贵重个人物品、投资品通过网络购买已成为常态，但电视购物整体已经进入快速下滑的阶段。当然，当大多数年轻人不再对着电视屏幕，而是选择用手机终端看新闻的时候，仍有很多主流舆论之外的人群不会使用网购，依然对电视购物保有热情。

对于一些人来说，电视购物从未进入使用场景，或者已被替代；对于另一些人来说，它们依然是对线下购物的补充方式。

1.电视购物的策略

（1）产品策略。对于电视购物来说，不是所有的产品都能使用这种方式，因此选择一个合适的产品很关键。信息和产品极为丰富的时代，能够在短时间内做出一个别人没有做过的产品，非一般财团所为，只有适合的产品才是适合做电视购物直销品。

（2）核心利益非常清晰的产品。要对消费者需求进行科学分析，把准确的产品消费利益提炼出来，急消费者之所急。产品的最终目的是满足消费者的需求，一定要明确产品的核心利益。

（3）需求量大且与生活密切相关的功能性产品。例如，计算机、手机、化妆品、服饰、装饰品等。这些产品对于广大的消费者来说，需求都很大。在做电视购物，选择需求量大且与生活密切相关的功能性产品，才能有力地提高电视购物的市场竞争能力。

（4）瞄准目标消费群体的产品。即谁是真正的需求者，目标要明确。例如，在电视购物中有许多化妆品、护肤品、瘦身品的节目，而购买这些产品的群体通常都是女性同胞。

（5）定价策略。在电视购物节目中，“冲动购买”占很大比例。顾客在观看购物节目之前原本没有购买需求或购买意向，看了购物节目，却对某种商品突然感兴趣，立即购买。瞄准顾客的这种购买冲动，让顾客感觉到自己得了便宜，就能激起购物的冲动。

2.赠品的选择

电视购物产品赠品的选择主要有以下几点：

（1）具有购买吸引力的赠品。通常，越不常见的赠品，越具有较强的吸引力，所以，要选择新、奇、特的东西作为赠品。企业要根据产品的特点来选择赠品，还要让消费者感到很超值。

（2）没有质量问题的赠品。即使是赠品，也应该保证质量，不能选择次品、劣质品，否则只会起到反作用，增加不信任度。

（3）赠品应当与产品有一定的关联性。关联度越大，越利于品牌的传播，越容易让消费者在使用过程中产生联想，消费者才会重复购买，建立品牌的忠诚度，提升品牌形象。

（4）用略具知名度的产品作为赠品。赠品虽然是附送品，但体现的是附加值，可以体现产品本身品质和价值。用具有知名度的产品作为赠品，不仅能提高品牌形象，还能彰显企业实力。

（5）赠品价格不能太高，但使用率要高。赠品体现的是附加值，价格合理就好，既不能过高，也不能过低。同时，还要方便使用，使用率较高。

（6）根据目标消费群体、产品的不同而定。赠品的选择，要考虑主要购买人群是否喜欢。不同的产品，目标顾客也就不同，开发赠品时一定要仔细研究顾客的需求。数据显示，电视购物的女性消费者占65%，因此要考虑到女性购买者的喜欢因素。

五、资料库营销

所谓资料库营销指的是，企业将现有顾客和潜在顾客的各类信息，进行有组织的集合，开展营销活动。与大众化的营销策略不同，资料库营销采取的是一对一的人性化营销策略。

进行的资料库营销的前提是，建立一套全面的顾客数据资料库。

最常用的方法是，运用RFM模型来分析顾客，建立顾客资料库，然后依据资料库的信息，有针对性地对顾客开展一对一的人性化营销。

顾客数据资料库包含的内容主要有以下几点：

（1）顾客的人口特征，比如，年龄、经济收入、家庭成员、出生年月。

（2）顾客的心理特征，比如，日常活动、兴趣爱好、价值观念。

（3）顾客的购买行为，比如，购买偏好、购买频率、购买价格、近期购买。

有些企业的顾客资料库量异常庞大，比如，雅虎网站会记录每一位访问者的每一次点击，每天的顾客数据库收入量为4000亿字节，相当于80万本书；沃尔玛会收集每一位顾客、每一次、每个商店的消费数据，目前的顾客数据库量超过了570万亿字节，比10台计算机的存储量还要大。

1.资料库营销的功能

随着企业营销管理水平的提升，资料库营销必将得到广泛使用。

资料库营销有两大功能：一个是宏观功能，另一个是微观功能。

（1）宏观功能：市场预测和实时反映。

企业可以利用“资料挖掘”和“智能分析”，对原始资料进行整合，从中发现市场潜在赢利机会。比如：

分析顾客的年龄、性别、爱好、习惯等因素，就能对顾客的下一次购买活动做出可能性预测；

分析资料库中顾客的信息特征，判定产品的营销策略，就能有针对性地制定促销手段，提高营销效率；

从国家、地区、邮编、顾客、销售人员和产品等角度，就能对资料库进行分析，比较出不同市场的营销业绩，并以所有可能的方式研究这些数据，找出数字背后的原因，挖掘市场潜力。

举个例子：

美国汽车协会联合服务银行（USAA）根据顾客的购买历史和直接收集到的顾客信息，建立了一个详细具体的顾客数据库。为了保持数据不过时，USAA公司还会对分布在世界各地的590万顾客进行调查。

公司利用资料库，为顾客的特殊需求提供产品或服务，比如，对将要退休的顾客，USAA向其发送地产规则方面的信息；对有在读大学生的家庭，公司会向其提供大学理财方面的信息；对有孩子的家庭，公司会向其提供儿童教育方面的信息。

资料库营销，让这家公司的年利润高达120亿美元。

（2）微观功能：分析每位顾客的赢利率。

企业建立的资料库一般都比较详细、比较具体，有助于企业深入了解顾客信息，计算每一位顾客的赢利率。如此，不仅有利于企业保护好自己的最佳顾客，还能抢夺竞争者的最佳顾客；不仅能培养企业极具潜力顾客，还能过滤最差顾客。

比如，美国通用电气公司就针对顾客信息，建立了极其详细的资料库。公司可以根据消费者的交易记录，判断：“哪些顾客对公司感兴趣”“哪些顾客是公司的大买主”？公司会为这些大买主赠送价值30美元的小礼物，换取顾客的下一次交易。

2.资料库的许可营销

企业进行资料库营销活动时，不能只为顾客建立完整详细的资料库，还要对顾客资料进行严密妥善的保管。企业对顾客开展资料库营销时，必须以获得顾客许可为前提，也就是我们通常所说的“许可营销”。

“许可营销”理论由营销专家赛斯·高汀在《许可营销》一书中最早提出。许可营销是指，企业征得顾客的许可之后，通过E-mail的方式，向顾客发送产品或服务的信息。因此，许可营销也被称为E-mail营销。

许可营销有三个基本因素：基于顾客许可、通过电子邮件传递信息、信息对顾客是有价值的。三个因素，只要缺少一个，都不能称为许可营销。

许可营销是资料库营销方法中相对独立的一种，既可以与其他网络营销方法相结合，也可以单独应用。许可营销可以减少广告对用户的骚扰、准确定位潜在顾客、增强与顾客的关系、提高顾客的品牌忠诚度等。

第九章　传统渠道招商

一、先做样板市场

随着招商市场的发展，招商的方式也越来越多样化，目前就流行一种招商方式——“样板市场”。

根据“百度百科”里的说法，样板市场即榜样市场，是供加盟者参考并模仿的一种运营模式。具体方式是：先搞一个样板店铺出来让大家看，让大家学习、复制和创新。

金禾国际（中国）控股集团是一家集“供应链管理、餐品开发、智能研发、中央厨房、无菌配送、终端无人售卖”于一体的现代化餐饮企业，坚持匠心精神与创新思维，以解决城市人口集中地的吃饭难、吃饭贵、食品安全等问题为己任，从食材、烹饪、配送到售卖，层层严格把控，把每个环节都做到最好，把每份餐品都做到极致，为消费者提供“科学、安全、快速、集约化”的现代餐饮服务。

金禾国际汇聚了全球软硬件领域顶尖的科研人才及国内知名连锁餐饮企业高管，采用标准化管理、集约化经营、智能化支撑，保证餐品从生产到消费者口中。

金禾坚信，科技是第一生产力。公司董事长兼总设计师金徐凯先生投身发明事业多年，看到近年来食品安全问题频发不断，决定要研发出一套能够从根源上解决餐饮安全问题的就餐系统，于是开始组建研发团队，从2012年到现在，革新了智慧餐饮售卖机，完善了集“供应链管理、餐品开发、智能研发、中央厨房、无菌配送、终端无人售卖”于一体的生态圈，为消费者提供了“科学、安全、快速、集约化”的现代餐饮服务。

金禾研发团队自主研发了独立的手机客户端“金禾餐饮”，极大地方便了投资者对设备的运营管理及对销售数据的掌握，从下单订货到收益结算，只要通过手机操作，就能轻松实现上班创业两不误。

APP的研发也极大地增强了消费者的用餐体验，通过APP浏览菜单，就能提前下单，取餐时只要扫码验证，2秒就能极速出餐，消费者还可通过手机客户端不断领取更多优惠。

企业如果想成功招商，完全可以先做出一个成功的样板市场。精明的商家，越来越青睐的是让事实说话。因为，事实胜于雄辩！既然这样，招商企业应该怎样建立自己的样板市场呢？招商企业做样板市场，要投入人力、物力、财力，再加上开产品的展览会，是一笔不小的费用。如果招商企业觉得自己建立样板市场专业性不强，也可以外包于其他专业性强的企业。例如，招商快车。

招商企业如果想建立一个成功的品牌样板市场，就得从市场中寻找机会入手。样板市场是招商企业相对于传统广告媒体的另一种低成本营销战略，通过对样板市场的操作，可以为以后企业产品进入下个加盟点市场提供可靠的依据，不但能为产品开拓新市场树立信心，还能为招商企业提供操作市场的方法与手段。

样板市场能成为众多招商企业青睐的原因主要体现在以下几点。

1. 样板市场的主要意义

样板市场具有极强的辐射力和代表性。

（1）代表性。企业不仅仅是做好一个市场，还要通过一个市场吸纳更多的投资者来扩大市场，所以一般来说，样板市场的选择必须选具有代表性地区市场来操作。比如，以省划区域，选择省会城市来做样板市场；以地区或县城，选择中心城市来做。

（2）辐射力。样板市场选择有辐射力的市场，再做它的周边市场，相对来说就比较容易。因为这个市场有辐射，产品进入它的辐射范围，就能节约很多销售费用。

（3）关联性。企业产品适合于样板市场，虽然市场具有代表性，但选择时要注意关联性。

2. 样板市场的销售模式

之所以要打造样板市场的模式，就是为了让企业将样板市场的成功案例快速复制到其他区域，实现整体销售的战略布局。

（1）品牌型模式。这种运作模式主要是为企业产品进入市场树立形象工程，投入不及产出，也不必惊慌。因为样板市场重要的意义是帮助企业建立自己的品牌，为招商开辟一片根据地，让客户来了解产品的市场占有率。因此，品牌市场的主要工作重点是市场占有，站住了脚，也就拥有了话语权。不论是销售型，还是品牌型，都要选择一个小市场来操作。小市场做出大成绩，这就是操作样板市场的真谛。

（2）销量型模式。这种运作模式以一切销量为重点的运作，大力挖掘渠道的深度，追求产品铺货率，使产品的数量不断攀升。重点工作在产品流通渠道的运作，因为通过样板市场小范围的上量，快速复制到其他区域市场，大的销量是必然地积少成多。

3.样板市场是终端销售人员的训练场

通过样板市场的运作，要让销售人员奋战在市场的一线，而不是坐在办公室里纸上谈兵。通过样板市场的运作，真实了解产品销售情况，就能增加销售部门的销售经验和技巧，为复制其他市场培养一群具有战斗力的销售团队。

（1）大卖场。在样板市场运作大卖场，不但要掌握产品知识，还要熟练运用营销知识。跟卖场打交道，不但要熟悉卖场的客情关系、财务知识，还要了解产品的陈列展示、消费者对产品的反应、促销活动的提议和操作、管理促销队伍等。在样板的实战过程中，要努力培养一批生力军，快速复制市场。

（2）流通课。流通课能够让销售人员了解到公司产品在渠道中的流向，让他们学会与客户打交道，并了解到产品的具体流向。

（3）终端课。熟悉终端了解终端，接受终端培训，运用到实际中，就能实现对操作终端的管理。

4.样板市场没有失败，只有成功

样板市场是企业在单个市场摸索操作产品销售的试验田，市场风险性很小。样板市场没有失败，只有成功。

（1）样板市场成功的运作，为企业运作市场模式提供了宝贵的产品运作流程。该流程在销售中不断运作和修订，是最真实和可靠的商业操作资料。

（2）样板市场成功了，不但能为销售带来必胜的信心，还能让客户对企业抱有极大的信心，愿意与企业携手并肩，一同赢得商机。

（3）样板市场的操作是多种多样的，但无论怎样操作，最后的样板市场都是成功的。因此，在产品销售过程中，要做出一个样板市场。

总之，建立招商样板市场是招商企业低成本拓展市场大门的营销手段，打造成功样板市场也是招商企业招揽更多的投资者的秘诀。样板市场是为企业产品上市打响的第一枪，要想成功地做好一个样板市场，就要端正操作心态。

二、广告造势

招商是一个双向选择的机会，如同谈恋爱一样，要求两情相悦。如果把企业当作男方，那么投资人就是女方。男方要展示自己的实力和择偶标准，女方也要根据自身的条件看能否达到男方的要求，条件符合，对双方都是一件好事；条件不符，勉强凑在一起，只能给彼此造成伤害。

湖北运鸿集团（以下简称“运鸿”）成立于2013年3月，从清洁能源到生态农业，始终关注国计民生，逐步明确“大健康”的发展方向，以“肽”产业为主导核心的大健康企业，基本形成了集光伏生态农业种植、农产品深加工、生物科技研发与应用、电子商务平台、物流为一体的“生物科技循环产业链”。

“运鸿”是全国大健康重点企业，也是全国肽食品独角兽企业。通过资本运作与合作并购，开创了“肽家园”的独特盈利模式，坚持以专业、创新、国际化为核心的发展战略。

自2013年成立以来，“运鸿”已在全国各省市设立了40家分支机构，建立了运鸿“肽家园”物联网，成功上市了近百种产品，完成了旗下光谷生物肽研究院研发生物肽专利和国际认证，成为引领全球开拓食品“肽”革命的先行者和奠基者。

把握互联网和移动互联网的发展机遇，“运鸿”积极拓展电子商务板块。目前，旗下电商平台“有味生活”已开始运营，并与公司其他业务相结合，创新了公司有机产品及保健产品的营销模式。通过“互联网+”实现了公司的产业升级，推动了公司的创新发展与可持续发展。

位于纽约时代广场中心的纳斯达克大屏是“世界第一屏”，更是纽约的标志性建筑。它将商业的金融气息与高科技艺术手段完美结合，代表的意义已经远超标示的价值，是全球各大知名品牌向世界证明品牌实力的前沿阵地，包括阿里巴巴、京东、海尔在内的众多知名企业都曾在这里留下足迹。2018年“运鸿”登上了这块大屏，进行了一周的展播，成为国内首家登上“世界第一大屏”的大健康企业。

招商广告是对产品或项目进行展示的第一步，能够吸引经销商的注意力，阐述招商内容与市场前景，让经销商看到利润所在；同时，还能对投入与产出作出初步的概算，引发经销商的浓厚兴趣，与招商者进一步接触和洽谈。

投资者选择不当，在以后的市场经营中，就会因为投资者经营能力不足，影响市场的正常运作。销量无法提高，厂家的支持与销量挂钩，给不了投资者过多的支持，合作就会脱节，最终导致投资者的“死亡”。因此，进行有效的广告非常造势。具体方法如下。

1.提炼卖点

卖点的提炼，主要要考虑下面几个元素：

（1）品牌层面。品牌攻略思考的基点不是针对产品的事实，而是要上升到品牌的高度，要揭示品牌的精髓和核心价值，并通过强有力的、有说服力的手段来证明它的独特性。

从品牌出发，为品牌服务的招商广告可以采取多种表现手段和表现元素，比如：情感、意象、情绪、感受等。比如，在保暖内衣招商广告中，除了商家一贯炒作的“暖卡”“莱卡”等概念外，保暖内衣卖点正在由产品层面的“保暖功能”转向品牌层面的“时尚”“性感”“舒适”等个性化领域。

2003年，农夫果园定位为“喝前摇一摇”，突破了功能饮料“营养、美白”等传统诉求，将卖点定位在“喝前摇一摇”上，不仅暗示了“有多种水果在里面”的产品特点，更将消费者喝农夫果园的轻松、诙谐、快乐的情绪完整地表现出来。

（2）产品本身。关注产品本身的特点，主要是为了突出产品的与众不同上强调实效的承诺。比如，饮料行业里的“农夫山泉有点甜”；洗发水中，飘影提出了“去屑不伤发”的卖点；当所有保暖内衣都在说如何保暖时，婷美提出了“美体修形”的核心卖点，令人耳目一新。

（3）产品机理。从产品机理角度提炼销售主张，主要围绕产品的作用机理，区分于竞争对手，这种方法在化妆品和医药保健品行业里最常见。

（4）产品相关。围绕产品的销售主张，可以是别人没有注意到的特性，也可以是大家共有但都没有说过的产品特性，比如，乐百氏纯净水的“27层净化”；再如，PPA事件发生后，“999感冒灵”率先提出不含PPA的销售主张。

（5）社会观念。销售主张的特点是：看起来好像与产品没有很大的关系，却无声地实现了诉求。观念涉及的主题可以是某种情结、人生、健康、运动、爱情、生活方式，甚至是战争、种族平等。比如，立波啤酒的“喜欢上海的理由”；“悠品”饮料的“喜欢我，就开口吧”，表达的都是一种观念。

2.广告策略

要想做好广告，可以采取以下几个策略：

（1）突出广告主题。招商广告首先要有准确的定位，特别是在当今信息纷繁芜杂的竞争年代，招商广告忽视了个性化、没有独特卖点，只能让自己的钱打水漂。

招商广告，最好在标题中直接说明自己产品的差异性和利益点，让受众在第一时间就知道“产品是用来干吗的”，看了之后就能明白

“自己为什么要做这一产品，做了之后有什么好处？”

招商企业贪大求全，无法得到应有的效果。招商广告应该在第一时间就引起他们的注意，让他们迅速了解招商企业招商活动中最精华的部分。切记，招商广告不是产品广告，可以利用招商会或招商手册来做宣传。

（2）履行诚信原则。在诚信日益重要的市场经济上，经销商对招商广告的第一反应是：企业的诚信度如何？广告中的各项承诺——包括日后的广告支持、智囊支持等是否可以在以后的合作过程中得到实现？

招商竞争的日益激烈，为了引起经销商的注意，许多企业都将自己的产品夸成一朵人见人爱的花，甚至还会在招商广告中使用一些不切实际的词汇和语言，比如：“不打这个电话，你将损失多少”“一个电话=100万元”等。须知，招商广告是做给业内人士看的，企业所要吸引的也是该行业内的从业人员、优秀人士和优秀企业，这样做无法取得理想的结果。

招商企业要尽量做到招商广告的诚信，从经销商的需求出发，掌握他们的心理。招商广告不是越煽情越好，也不是越离谱越好，要从自己可以给对方提供的宣传资源、促销手段、投资回报和服务等方面做出比较真实的承诺，把产品特征、竞争力、利润空间讲清楚，跟经销商荣辱共存、资源共享、强强联合、真诚协作。

（3）明确诉求对象。企业必须明白自己的目标客户具有什么特征，快速准确地将信息传达到目标客户心中。也就是说，在做招商广告之前，必须先有一个明确的定位，之后进行产品定位和品牌定位，提炼广告主题，最后再开展诸如“做招商广告”之类的工作。否则，招商广告必然是盲目的，不利于产品形象的维护，不利于企业整体品牌的塑造，最终只能给企业造成巨大的浪费。

（4）描述诱人前景。招商广告一般都比较注重理性诉求，但是，精巧的创意绝对是不可或缺的。因为，只有具有杀伤力的创意的招商广告，才能使经销商在第一时间就发现你，并产生继续往下看的兴趣。内容要诱人是指，通过讲事实摆道理，引出产品的市场潜力、发展前景和代理经销商的利益保证，吸引代理商来参与，让他们与你共同去开拓市场。

（5）整合传播资源。有了精心准备的系列招商广告，还要考虑在哪投放这些广告。企业必须找到合适的媒体，确定正确合理的媒介组合并做好广告排期，具体如下所述：

①调查了解目标受众的生活习惯，选择目标受众经常阅读或经常接触的媒体。例如，要做某种“减肥”器械的招商广告，就必须调查分析哪些群体最关心“减肥”器械的招商广告，以及他们经常接触的媒体。

②确定正确合理的媒介组合。目标受众经常接触的媒体往往不止一种，要进行必要的组合。比如，《销售与市场》《现代营销》《中国商机快递》《大众投资》《商界》等媒体读者范围广，各有各的特征，为了提高广告效果，在实际选择过程中，最好有针对性地选择。

③根据实际需要和目标受众的认知原理，做好广告排期。为了强化招商效果，招商广告都不只刊登一次，要选择一个特定时段，或在全年进行有规律的投放。如此，就要根据实际需要，制定合理的广告排期。当然，关键时期要多投，比如，招商会之前，关注招商广告的人多，为了在目标群体展示企业实力，迅速提高知名度和美誉度，就得加大广告投放密度。

三、举办展会

观众是展会成功举办不可或缺的重要因素，拥有一定数量和质量的观众是展会成功的重要标志之一。

所谓展会招商就是，通过各种方式将对拟办展览会所展示的产品有需要和感兴趣的采购商和观众引进展览会，邀请观众到展会来参观。

1.展会招商分工

展会招商分工涉及的内容有两个方面：办展机构之间的招商工作和本企业内部招商人员的安排及其分工。

（1）办展机构之间的招商工作。展会招商是一项见不到直接经济效益的工作，办展机构招到观众往往不能直接给它带来看得见的经济收益。重招展、轻招商，展会由几个企业联合举办，大家争着去招展但展会招商却无人重视，会让展会开幕后到会观众不理想，服务质量也不能令人满意。因此，几个企业联合举办展会时，必须明确展会的招商工作应由谁负责。如果展会的招商工作是由各办展机构共同负责，就要明确各办展机构之间的招商分工。

各办展机构之间的招商分工，包括明确各企业必须共同遵守的招商原则、对各企业负责的招商地区和重点目标观众的划分、对招商费用的预算和支付办法的规定、对重点目标观众的邀请和接待的安排等。

对各企业的招商工作进行分工，是保证展会到会观众数量和质量的重要手段之一。招商分工必须合理，并经常进行协调；展会招商工作不能平均分摊，必须要有一个主要的负责企业。

总之，对企业的招商进行分工，一定要结合企业的招商实力，充分发挥企业的优势，优势互补，共同做好展会的招商工作。

（2）企业内招商人员及其分工安排。不管展会的招商工作是由几个企业共同负责，还是只由一家企业负责，有招商任务的企业都要对本企业的招商人员及其工作做出安排。

第一，确定主要负责招商的人员名单，明确其主要任务是进行展会招商而不是招展；

第二，明确各招商人员负责招商的地区范围和重点目标观众；

第三，要制定各招商人员的信息沟通和工作协调办法；

第四，对重点目标观众要制定统一的接待安排计划。

展会招商工作带给展会的效益是长期的和持续的，展会的招商工作不到位，就会影响到展会的长期发展。展会招商和展会招展一样，都是展会成功举办必不可少的重要因素。

（3）会展招商的时间管理。招商工作的成效直接关系到展会的整体展出效果，也关系到参展商参展的实现价值。招商工作的主要任务是吸引观众，并使展会开幕后有足够数量的目标观众到会参观，使目标观众能如期到会参观。面对数量庞大但却具有很大不确定性的专业观众，展会的招商很难像对招展那样进行控制，应根据实际情况选择合适的监控办法。

以国际展会为例，由于国外观众对于参观异国展会有很多情况不熟悉，在很多方面需要展会的帮助，往往会提前进行参观申请登记，这时候就可以按观众申请登记情况进行监控。而国内观众一般不习惯预先进行参观登记申请，应按照事先根据市场分析情况和已掌握的目标观众数据信息而制定的招商进度计划来进行有效的监控。当然，也可以将这两种方法结合起来。

2. 展会宣传推广

招商宣传推广的目的是促进展会更好地招商，是围绕展会招商的基本策略和目标而制定的，有很强的目的性和配合性。在展会招商方案里，要提出展会招商宣传推广计划，包括宣传推广的策略、渠道、时间和地域安排及费用预算等。

（1）招商宣传的时间和地点。招商宣传推广在时间的安排和地域的分布上要与招向的实际工作紧密配合，要走在招商实际工作的前面，为招商工作造声势、造知名度。宣传推广在时间上要连贯，要有统一的理念和策略做指导。在地域上，要因地制宜，在重点时间段和重点招商地区，加大宣传推广力度，增强宣传推广的针对性。

（2）招商宣传推广的渠道。包括召开新闻发布会、在专业和大众报纸杂志上做广告、向有关人员直接邮寄展会资料、在国内外同类展会上宣传推广、在网上宣传推广、通过有关协会和商会宣传推广、利用外国驻华机构和我国驻外机构做宣传等多种渠道，可以根据招商工作的实际需要来选择。

（3）招商宣传推广的策略。包括宣传推广的出发点、主题、亮点等。在策略上要注意紧扣展会的定位和主题，突出展会的优势和个性化特色，从客户角度出发，为客户的利益着想。

3.展会时间控制

要圆满完成展会的招商任务，在安排展会的招商工作和制定展会的招商计划时，就要注意展会招商工作的时间性，使展会招商计划及工作安排符合招商时间性方面的要求，具体为以下几点：

（1）展会招商计划及工作安排要有统一的时间规划。展会招商与招展工作有很大的不同，不论是新创立的展会，还是已经举办的展会，展会招展工作一般都有较为具体的目标，招展工作围绕这些目标客户而展开。展会招商工作则不同，除了已知的观众名单，不管是新创立的展会，还是已经举办过的展会，招商的具体目标对象都没有招展工作明确；而且，招商工作不能给展会带来直接的经济收益，“头痛医头，脚痛医脚”，就无法取得理想的招商效果。

（2）把握好展会招商工作的启动时间。虽然展会招商工作可以比招展工作稍晚一些启动，但招商工作的启动时间也不能一拖再拖。对于路程较远的观众，如国外的观众，招商工作启动得太晚，要么根本没时间来参观，要么就决定参观其他展会了。招商工作启动得太早，时间太长，目标观众就会把本展会早期的招商活动遗忘。因此，展会要注意把握招商工作的启动时间。

（3）招商进度要与招展进度相协调。展会的招商效果与招展效果既互相影响，又彼此促进。一方面，观众多了，参展商自然更愿意来参展，就能取得好的招商效果，就能促进展会的顺利招展；另一方面，参展企业多而质量好，观众就愿意来参观，还能促进展会的顺利开展。所以，展会在制定招商计划时，不仅要考虑自身的时间性，还要充分考虑到它与展会招展计划在时间上的协调性，要将时间和进度都考虑进去，让二者相互促进。

（4）把握展会招商工作的“黄金时期”。展会的招商工作也有“黄金时期”，在这段“黄金时期”里，展会的招商活动最能对目标观众的参观决策产生影响。展会的招商活动对观众的影响最大，招商效果也最好。要想提高招商效果，要重点关注展会筹备工作的中后期，努力抓住这一时期。

（5）密切监控展会的招商进度。展会的招商工作一旦开始就不能停止，各项招商工作必须按计划展开，稳步推进。为了保证招商工作按计划执行并取得良好的效果，必须对招商进度进行密切监控，跟踪招商进度，分析新情况，发现新问题，调整招商策略，实现最好的招商效果。

四、网络招商

随着互联网时代的到来，由鼠标催生的“手指经济”正在快速发展，各行各业也都搭乘这班顺风车向e时代迈进。因此，网络招商成为企业开拓市场的又一个新方向。

1.网络招商的优势

与三大传统媒体（报刊、广播、电视）广告及近来备受垂青的户外广告相比，网络招商广告具有得天独厚的优势，如表9-1所示。

表9-1 网络招商优势

优势	说明
互动性强	在网络上，受众是广告的主人，当他对某一产品发生兴趣时，就会很快进入该产品的主页，了解产品的详细信息，而厂商也可以随时得到宝贵的用户反馈意见。同时，网络招商广告还能引导用户进入产品或服务的门户网站观看演示实例，让顾客有一个真实体验
针对性强	点阅讯息者即为有兴趣者，网络招商广告可以直接命中目标顾客，为不同的受众推出不同的广告内容。尤其是在行业电子商务网站，浏览的用户大多是企业界人士，网络招商广告就更具针对性了。另外，可定向的特征让网络招商广告既能按照受众的具体公司、地理位置、国家等信息进行精确定向，也可以按照时间、计算机平台或浏览器类型进行定向
运营费用低	作为新兴媒体，网络媒体的收费远低于传统媒体，可以为企业节省众多销售成本。不管纵向比较还是横向比较，网络招商广告相对其他传统媒体都要更实惠，更具针对性
感官性好	网络招商广告的载体基本上是多媒体和超文本格式文件，图、文、声、像等并存，可以为用户传送更多的感官信息，使他们亲身体验到企业的产品或服务

2.网络招商的步骤

网络招商的低成本和高效率，是企业开展网络招商的理由。可是，企业该如何开展网络招商，为自己铺就美好网上“钱景”呢？

（1）明确定位，企划先行。网络招商是以网络技术为依托，按照行业和区域划分为若干内容频道，针对目标人群进行广告传播，快速便捷、成本低廉。简而言之就是，买什么样的产品，以及卖给什么人。

以医药保健品行业为例。企业应该根据产品的成分配置、作用机理、功效特点、适用人群、生产成本、市场环境及竞品情况等基本元素，对产品进行全新的定位，提炼出有别于同类产品的差异性卖点和核心诉求；同时，明确价格区间、品牌定位及细分化的目标人群，以市场为导向，设计出与产品匹配的包装、宣传物、广告文案和广告片。当然，最重要的是产品质量要过硬，因为这是产品生命力的根本和保证。

（2）促销市场，探索模式。促销是为招商服务的，缺少有力的促销，企业招商也会变得平淡无奇。通过“网络沙龙”“读者俱乐部”“游戏积分”等载体，实行网络招商的企业可以设计出产品知识、企业文化等相关的趣味题或游戏，进行有奖调查、有奖销售或折扣销售，吸引客商浏览企业网站，促成其尝试、购买和签约。比如，某品牌苹果醋设置了一些奖励活动，客户一旦注册成功，就能获得迪士尼门票、竞拍低价新品、参加节日派对、免费玩游戏等机会，极大地赢得了顾客的大量关注，吸引了经销商的加盟。

（3）精心制作，图文并茂。精心编辑制作的企业宣传网页、网站链接，用心拍摄剪辑的照片及视频短片，能够让浏览用户获得更好的购物体验，所以，在网络招商中，一定要重视这些细节。

（4）精打细算，控制成本。网上招商虽然不用提前做很多准备，但也要付出成本，比如：网络广告的付费、网络媒体的选择、后续招商的配套服务、风险成本的评估管控。在信息泛滥的时代，企业接收的信息有限，只有让企业的信息鹤立鸡群，才能成为信息传播的成功者。

（5）做好物流，准确送达。受自身条件限制，物流一直都是中小企业网络招商签约后备受困扰的“最后一公里”问题。网络招商虽然缩短了交易时间，但中小企业在招商的当地没有分公司、经销点、仓库等渠道资源，如何让经销商、直销商尽快拿到货，也就成了厂商关心的焦点。因此，为了帮助中小企业建立自己的物流体系，就要关注以下几个内容：招募更多的区域经销商，组建梯级网络进行配货、送货；与速递公司合作建立便捷的物流体系；利用邮局遍布全国各地的网点，与其进行异业联盟，共享招商成果。

（6）加强沟通，以店为家。人无信不立，商无信不旺，在网上构筑诚信品牌是网络招商的基本条件。比如，设立一个论坛，同客户和消费者真诚沟通，不仅能为企业提供持续不断的访问量和顾客群，还能让经销商对中小企业建立信任，提高招商签约率。

五、制造大品牌形象

大品牌能够吸引更多的注意力和关注度。

对于企业来说，自身品牌形象、产品形象可以提高自身知名度。那么，如何塑造大品牌形象呢？

1.塑造差异化

在近乎饱和的市场下，想打出大品牌，就要找到并放大自身产品与其他产品的差异化特征。

价格战是差异化竞争的一种手段，但如果不能找到更加突出的品牌特色，没有自己独特的个性，就很难持续引起公众的关注。

在进行品牌定位时，企业还要重视竞争品牌的品牌诉求。因为只有了解了竞争品牌的特色诉求，才能更好地打造与竞争者产品的差异化特色；只有真正做好差异化，才能吸引受众的个性。

2.优质渠道

通过优质的渠道，对企业产品进行展示，不仅能增加企业的知名度，获取更多流量及客户；还能借助渠道的权威性，让用户产生依从和信赖，让品牌在较短时间内在客户心中树立良好的第一印象，并获得用户的信任。当然，除了多重渠道展览之外，还可以通过营销手段迅速抢占流量，塑造品牌知名度，提升品牌形象，提高转化率。

3.做好公关

品牌形象最终要建立在社会公众的心目中，即使广告做得再好，口号再响，最终招商的结果还要取决于品牌自身的知名度、美誉度以公众对品牌的信任度、忠诚度。只有通过公关，才能将营销成果落实到这些维度上，实现转化。

4.提高质量

提高产品质量是产品立足市场的基础，如果企业的产品质量存在问题，即使短期内获得了招商代理，也无法在市场终端获得消费者的信任，无法实现长期盈利，不利于前期的品牌形象塑造。

第十章　创新招商方法

一、用“傍大款策略”，整合不同行业的联盟商

傍大款模式是指，中小经销商通过和优秀生产厂家合作，从它们那里学习先进的市场营销方法和策略；同时，通过代理“大款”的有竞争力的产品、依靠其到位的支持，取得所代理区域的成功，从而完成企业的不断积累（包括理论和实践），逐步成长起来。

这些年，京东发展得一直都不错，但很少有人知道，在五年前，京东差点死掉，要不是刘强东当时用了这一招，估计现在的京东可能都已经不在了。

2007年，为了跟淘宝竞争，京东搞起了差异化，建起了自己的物流体系。众所周知，自建物流是重资产，很烧钱，结果到2014年的时候，京东就已经变得很穷了，简直连小米粥都喝不起了。

为了解决这个问题，京东打算到纳斯达克上市，可是上市需要融资。2014年移动互联网正在崛起，移动互联网的玩法，跟传统互联网的玩法完全不一样。

在移动互联网时代，如果用户手机上没有你家的APP，那公司基本上就算废了。在那时候，下载京东APP的用户还非常少。结果，京

东一提交招股说明书，人家就问："现在有多少用户已经下载你们的APP。"京东答复说："一点点！"

"一点点你还敢说你是互联网公司？一点点你还敢来这里融资？"结果，人家不让上市。

京东吓坏了，公司账上立刻就没钱了，怎么办？他们将目光转向市场，结果发现，用户手机基本上都已经装了淘宝，买东西完全可以用淘宝，根本不需要再下载京东。接着，刘强东使用了非常厉害的一招，让京东顺利挺过了难关，而且还活得越来越好。这招就是：傍大款！就是找到一个有钱、有势、有能量的"大哥"，傍他！当时，京东找的是腾讯。京东把自己15%的股份，以非常便宜的价格卖给了腾讯。

腾讯把京东放到了微信支付的九宫格里，给京东带来源源不断的流量。接着，京东就在招股说明书上说："我们有APP，APP目前有四亿多用户。"2014年微信用户刚好4亿多。傍大款成功完成，京东成功上市，一直发展到今天。

京东的故事告诉我们，刚开始创业的时候，或资源不够用的时候，除了自己的努力之外，还要学会傍大款！找到有钱、有资源、有能力的人合作，成功的速度就会快很多！

有个老板是开度假山庄的，原来生意一直不太好，也想使用"傍大款"这个策略，最终找到了世纪佳缘网。世纪佳缘网会定期在线下举办一些相亲会，那里的度假山庄山清水秀，景色迷人，正好举办相亲会，就是离市区远了点，所以生意不太好。这位老板找到世纪佳缘网谈合作，让世纪佳缘网到他那里举办线下活动，免费提供场地、糖果和饮料。

世纪佳缘网觉得可以省下不少的场地费，便答应了。最终，度假山庄有了大量的客户，通过餐饮和住宿赚很多钱，生意一下就火了。

采用“傍大款政策”，只要用三个月的时间就能整合三千家不同行业的联盟商，免费帮你宣传产品并为你输送新客户，从而快速实现利润倍增。那么，如何“傍”呢？

1.要自带干货，即足够的钱

“傍大款”，“干”傍肯定不行，还得自带干粮。配套商、服务商先垫钱干活，完事再结账；经销商，先建店提货，成本慢慢往回收。

有人说，我有钱还“傍”什么？这种“傍”的好处是持续有活干，你干完活就能结到钱。否则，换了他家，可能干完活，老板却消失了，更别说下一步的事情了。

2.要有颜值，即技术含量

如果你是配件供应商，要有独特的技术；如果你是经销商，服务能力肯定要胜人一筹；如果你是新媒体，要能带来成交率高的销售线索；如果你是个广告商，要有绝对聪明的创意；如果你是个人，当然要有一般人难以复制的独门绝技……

3.脾气要好，性价比合适

现在“大款”也活得不易，也要在市场上血战一场，“杀敌一万，自损八千”。于是，你要跟着“出血”，要想像以前一样轻松赚钱，依然需要过紧日子。

记住：跟最好的在一起就是最好的！跟最差的在一起就是最差的！

二、建立激励机制

建立招商团队的激励机制，不仅能提高招商队伍的工作积极性和招商业绩，发挥团队合作精神，还能根据招商行业的规律并结合公司和项目实际情况，现特意制定本激励方案。而要想激发消费者来攻城略地，就要将这种方法合理使用起来，制定合理的酬薪制度。

1.薪酬构成

员工的薪酬由四大部分构成，如表10-1所示。

表10-1　员工薪酬构成

部分	说明
固定薪酬	主要包括：工龄工资、岗位工资和资历工资
绩效薪酬	主要包括：绩效奖金、招商提成及其他单项奖金
附加薪酬	主要包括：加班工资和各类津贴
福利薪酬	主要包括：养老保险、医疗保险、工伤保险、失业保险、生育保险及住房公积金

2. 薪酬体系建设基本原则

薪酬体系建设，要坚持这样几个原则：

（1）公平原则。要依每位员工对其贡献大小，公平、公正地确定他们的薪酬，逐步弱化员工身份差异对薪酬差异的影响，使每位员工的薪酬与相关企业员工具有可比性。

（2）战略导向原则。将薪酬作为实现其发展战略，拓展人力资源“瓶颈”的重要杠杆。对其事业发展有重要价值的核心或战略员工，为他们设定相对较高的薪酬。

（3）补偿原则。公司要通过薪酬的调整，应对员工在工作责任、劳动强度等方面的差异。

（4）透明原则。公司要努力使每位员工清晰、前瞻性地了解其工作与薪酬间的因果关系。

（5）市场原则。以市场水平为参照系，确定每位员工的薪酬。

三、用“史玉柱的脑白金逆向营销法”，让产品立刻走红

一提到脑白金，估计大部分人第一个想到的就是它的广告：“今年过节不收礼，收礼还收脑白金！”

这则广告一直被当成经典的营销案例，被无数广告人提起。

过去，我们看过很多人对脑白金广告的分析，基本都是这样的：

脑白金之所以能成功，就是因为它将自己定位成“过节礼品”，再加上海量的广告不断强化这个印象，让消费者只要一过节，就想到“送礼只送脑白金”。

不过，不知道大家有没有想过一个问题：凭什么你在广告上说“收礼只收脑白金”，我就要买脑白金去送人？难道仅仅是因为巨大的曝光量，让消费者天天听广告，就能达到这样的效果？如果真是这样，营销是不是太简单了——先找个明确的定位，然后一直打广告就行了。

其实，脑白金的广告最厉害的，却是它的第一步行动——“制造缺乏感”。方法之一就是，硬广告外加软广告，不能总说自己的好，要时不时地说说自己的“小缺点”，提高信息的可信度。比如，《司机慎用“脑白金”》中就说：“脑白金不是什么药，而是一种保健食品。其有效成分就是褪黑素，又称松果体素，是人脑和动物脑中的松果体自然分泌的一种物质……目前，卫生部认可的松果体素的保健作用仅为改善睡眠，并特别强调两点注意事项：①不能替代药物的治疗作用；②驾车、机械作业前或正在作业及从事危险操作者请勿使用。但某些厂家为谋取利润，肆意夸大宣传，如称脑白金具有延缓衰老、美容、增强免疫、改善性功能等保健作用及其他治疗作用。这都是没有科学依据的。”

这样做，着实高明！不仅可以将“脑白金”包装成一种品类，来掩饰动机；还可以给人们留下很多厂家都在跟风生产这种“风靡全球”脑白金的印象……可见，使用史玉柱的“脑白金逆向营销法”确实能让产品在一夜之间红遍大江南北，让代理商扛着现金，排着长队，挤破脑袋，主动上门来找。

基因五

资金系统：
解决谁支持的问题

该系统解决的主要是“谁来支持”的问题。资金遭遇“瓶颈”，三角债务严重，资金链随时会断裂，如何解决发展中遇到的资金难题。

第十一章　设定融资方案

一、写一份吸引人的商业计划书

写好一份《商业计划书》，不仅是对投资者的尊重，更是对企业融资初衷的肯定。借助《商业计划书》，不仅方便交流，更便于将企业的商业构思讲给投资者听，讲给客户听，甚至是讲给亲朋好友听。

《商业计划书》是融资中必不可少的环节，写出来的商业计划书能让你将交流和视野聚焦在重点上。为了帮助大家在商业计划书写作方面少走弯路，特此做一些总结。

1.商业计划书的主要内容

商业计划书主要框架一般包括项目背景、项目介绍、团队介绍、宏观环境分析、行业与市场分析、项目优势、财务计划、融资计划、风险分析、附录等，如表11-1所示。

表11-1　商业计划书的主要内容

内容	说明
项目背景	分析细分市场和用户需求等。阅读这一部分，投资人可以估算出该项目产品的市场潜力、消费者需求量及未来发展前景

续表

内容	说明
核心团队	在风投领域，对于初创期项目，投资人一般是投人。在材料中要写明团队人员的教育背景、从业背景、分工等；同时，尽量避免描述性语言，最好用事实、数据说话。比如，“我曾经开发一个小软件，帮公司减少 2000 万元的损失”等
商业模式	项目采用何种模式运营来解决人们的痛点、问题
盈利模式	如果已经盈利，清晰地阐述产品的盈利模式即可；如果暂时还没有，直接告诉投资人你的项目可以达到什么规模
项目优势	说明目前市场上有多少团队在做同样的事情，相比竞争对手，你有什么优势？你和他们有什么区别？你的核心竞争力是什么？
财务计划	对于种子项目来说，要列出经营成本以及销售预估等重要的财务数据；对于已经运营现在需要筹资的项目，要列出历史的财务数据。例如，销售额、运营成本、利润等，通过考察历史财务，分析出该项目目前处于的发展阶段及财务是否健康
融资计划	需要多少钱、融资用途是什么、债权或股权、出让多少股权等。融资并不是越多越好，适当最好

2.商业计划书的写作要点

（1）表述要清晰。很多《商业计划书》都只是简单罗列宏观数据，论述中国的城市化进程和消费升级等重大历史机遇，或者某大类产品发达地区人均消费水平如何之高，国内消费水平存在巨大差距、市场容量巨大等，却缺少对细分市场的针对性分析。要知道，企业融资，不能闭门造车，需要将目光放到整个市场上，想清楚细分市场和目标客户是谁？产品和服务对客户有什么价值？分析要有针对性，具体到细分市场、客户类别和销售区域。

（2）估值要懂得换位思考。融资的目的在于实现企业快速成长，各方投资者的收益也应源于企业不断增长的盈利能力。因此，在融资时，要立足双赢或多赢，做出公平估值，不能互相倾轧，应该赚取“1+1>2”的增量部分。通常，企业在发展进程中会经过2~3轮融资，前期融资要价过高，会透支未来的成长潜力，进而影响后续融资能力。犹如玩纸牌，好牌在前面一股脑打光了，后面就会很难扭转。企业融资要想抱得美人归，首先就要了解投资者，不懂换位思考，不知道投资者的“资金使用计划”“投资收益测算”及“退出方式”等，设想只能落空。

（3）直观地阐述盈利模式。盈利模式要有现实性和可操作性，不能画蛇添足，更不能异想天开。有的企业是理想主义者，特别是很多刚刚开始创业的人，经常会把一些根本不可能赚钱的项目当作好项目，构想的盈利模式存在“自说自话”的现象，甚至以为这是“新鲜事物”。其实，很多“创新”已经有人尝试过，并被证明存在诸多问题。另外，隔行如隔山，企业的盈利模式听起来有些生涩，就可以选择标杆企业来进行说明。比如，蒙牛在创业之初就提出要“打造内蒙古第二大乳企”（第一是伊利）的目标。

（4）避免避重就轻。为了不让“投资风险”将投资者吓跑，很多企业对经营风险往往是避重就轻，敷衍了事。收益与风险是一对“孪生兄弟”，投资者在追求高收益的同时，也清楚地知道投资要承担高风险。投资者关注的是融资企业如何控制和应对风险，风险分析得越透，越能显示出商业计划的切合实际，越能赢得投资者的信心。把企业经营想得很简单或者漠视风险，甚至“粉饰太平”，无异于掩耳盗铃，会使投资者产生更大的疑虑。

（5）设定具体经营计划。经营计划必须是实实在在的，需要用具体的财务数字支撑，如果格式包装很完美但言之无物，就有点舍本逐末了。所以，融资企业要花一些时间认认真真做一下成本核算，做一下三年的预测，对业务的模型必须如数家珍，估值也必须基于财务数字来进行合理测算。

（6）投资者的关注重点。产品型企业对产品过于痴迷，在《商业计划书》中大篇幅介绍产品，滔滔不绝地介绍技术。要知道，投资者不是经销商，他们会关心产品，更会关注这些产品有没有市场、公司未来的营利能力如何。所以，企业融资，要更多地介绍公司的未来、挣钱的逻辑。

（7）对企业价值进行描述。很多《商业计划书》对企业的描述都停留在表面的经营数据，如销售额上，缺少对企业价值的提炼。只有对企业价值做好描述，才能吸引投资者。比如，如果行业标准是融资企业牵头制定，就说明企业具有龙头地位。

（8）使用最直接的联系方式。在《商业计划书》中，要标注核心成员的手机号码，让感兴趣的投资者在第一时间能够找到。预留的总机或秘书助理的电话，如果某投资经理感兴趣，致电问询接洽，前台或秘书助理就会“一问三不知”，或回答总经理外出开会……由此，就会错过机会。

（9）内容直观，通俗易懂。企业自身的素质是融资最关键、最核心的要素，但完美的、专业的表现形式也同样重要。制定的《商业计划书》，要想吸引人，首先得能够让人读懂。一定要明白，《商业计划书》就是给目标投资者讲一个赚钱的故事，要有情节，可以使用煽情性语言。

（10）文字要简洁。《商业计划书》必须简洁明了，不能宏篇叙事，要用尽可能简单的语言文字、图表和数字进行表达。从篇幅来讲，10页PPT即可完成。

二、做个估值，看看自己的股权值多少

企业融资，其实就是做买卖，卖掉部分企业股份。既然是买卖，就涉及一个价格问题，如同你在菜市场买菜一样，买主要么看中不你，看中后，首先就要谈价格。

价格是影响风险投资人投资决策的一个重要方面，也是体现创业企业价值的最好载体，企业是否具备增长潜力与市场空间，只要看看它做私募的价格，就知道其基本价值了。

企业价值评估方法通常有收益法、市场法和成本法三种类型，分别从等效收益、市场评估和等效成本三个不同的维度来进行企业评估，三种方法都在不同的历史时期发挥着不同的作用。

1.成本法介绍

所谓成本法就是，在现实条件下重新购置或建造一个全新状态的评估对象，用所需成本减去贬值后的差额，就是评估对象的价值。简

而言之就是，把公司重做一遍的成本，再折旧，就是该企业的价值。

成本法的基本原理是，从买方角度估算重新购置与被评估资产相似或相同的全新资产所支付的费用。采用这种方法，首先，要根据现有的市场条件估算重新购置相同资产所需要的全部费用；其次，减除各种贬值，包括物理损耗引起的实体性贬值、技术进步带来的功能性贬值，以及外部环境变化产生的经济性贬值。

成本法的优点是：估算数据有据可查，适用范围广，只要企业有实物资产，就能进行客观可靠的估算。缺点在于，该法将企业资产割裂开来，忽略了资产间的协同效应，没有考虑无形资产对企业价值的影响，评估结果反映了企业各资产在基准日的现时价值，无法反映企业未来发展的潜能。

成本法的实际操作，比较简单。需要注意的是，这种方法完全没有考虑企业的预期收益，估值几乎是企业实际价值的下限，很难与交易对象达成一致。但是，破产企业或濒临破产或传统行业中持续亏损企业，企业估值，可以使用成本法来尽情压价。

2.市场法介绍

市场法，也称现行市价法或市场价格比较法，是指对被评估资产与最近售出（交易）的类似资产的异同进行比较，将类似资产的市场价格进行调整，确定被评估资产价值。

市场法，是采用参考同行业或者竞争对手价值来估值的一种方法。其将评估对象与可参考企业或在市场上已有交易案例的企业、股东权益、证券等权益性资产进行对比，最终确定评估对象价值。其应用前提是，假设在一个完全市场上相似的资产有相似的价格。

市场法的使用前提有二：①必须有一个活跃的公开市场，才能找到参照物；②参照物及被评估资产相关的指标、参数、价格等能够计量且可以搜集到。常用的基本财务比率有市盈率、市净率和市销率。

（1）市盈率。目标企业每股价值等于参照企业平均市盈率乘以目标企业每股收益。这种比率计算简单、数据获取容易；还涵盖了收入、增长率、股利支付率等因素，综合性较高。缺点是，不适于收益为负的企业价值评估。

（2）市净率。市净率模型的优点是当收益为负，市盈率模型无法使用时，可以使用市净率模型，因为多数企业的市净率几乎都不会是负数。缺点是，市净率指标容易受到会计政策的影响；一些高科技企业的价值与净资产没有太大关系，选择该指标不能很好地反映企业价值。

（3）市销率。目标企业股权价值等于参照企业平均市销率乘以目标企业销售收入。优点是，不会出现负值，比市盈率、市净率模型有更广泛的适用性；缺点是，该指标不能反映企业成本，而成本是影响企业价值的重要因素。

市场法关注被估值企业的相对估值，主要适用于相对比较成熟的行业，针对被估值企业，参考的对象越多，估值越合理。这种方法适合于成熟的行业，公开市场内对比参考的企业越多，参考估值也就越接近实际公允价值。

3.收益法介绍

收益法是通过企业未来收益评估企业当前价值的一种估值方法，将被评估企业预期收益资本化或折现至某特定日期来确定评估对象价值。其理论基础是经济学原理中的贴现理论，即一项资产的价值是利用它所能获取的未来收益的现值，其折现率反映了投资该项资产并获得收益的风险的回报率。

使用收益法进行企业估值，主要适用于企业未来收益可以进行准确预期且企业未来收益波动不大的情况。这种评估方法着眼于未来，主要考虑的是资产的未来收益和货币的时间价值。

收益法，是现代估值模型的主要方法，使用该法的前提条件有：①被评估资产未来预期收益可以预测并可以用货币计量，被评估资产与其经营收益之间存在着较为稳定的比例关系；②资产的拥有者获得预期收益所承担的风险也可以预测，并可以用货币计量。③被评估资产预期获利年限可以预测。

这种方法一般适用于企业整体价值的评估，或能够预测未来收益的单项资产或者无法重置的特殊资产的评估活动，比如，企业整体参与的股份经营、中外合作、中外合资、兼并、重组、分立、合并等都可以采用收益法。此外，单独计算收益的房地产、无形资产等也可以应用这种方法。

收益法的优点主要表现为：①充分考虑了资产未来收益和货币时间价值，能够准确地反映出企业本金化的价值；②资产未来预期收益的折现过程与投资过程相吻合，得到的评估结论容易被买卖双方接受。

三、会路演，融资就会容易很多

所谓路演就是，在马路上进行的演示活动。

早期华尔街股票经纪人在兜售手中的债券时，为了说服别人，总要站在街头声嘶力竭地叫卖，“路演”一词就由此而来。发展到现在，路演已经不仅仅是为发行新股而进行的推介活动，融资同样需要路演。

1.路演的准备

关于路演，企业需要做好哪些准备呢？下面是5点建议：

（1）一份恰当的商业计划书。对应不同的路演类型，路演给每个企业展示的时间大约为5~20分钟，企业一定要根据路演的类别来制作自己的商业计划书。商业计划书应该是对企业的过去、现在和未来做梳理。一份恰当的商业计划书，不仅要给投资者，还要给企业自身看。通常，融资计划书路演PPT主要包括以下内容：投资亮点、企业基本情况、商业模式、行业分析、团队介绍、财务情况与预测、股权投资规划和融资计划。如此，就能用清晰的逻辑，展示出企业的过去、现在和未来的动态发展状况。

（2）一个有逻辑、有情感的故事。路演更多是表达和传递，要像讲故事一样，把企业的成长过程讲给投资者听。那么，怎样才能将故事讲得既有逻辑又带情感呢？

①逻辑。以互联网企业为例，一般始于用户痛点，产品或服务能

解决用户什么需求，或服务是怎样解决这些痛点的；其次是商业模式、盈利模式；最后是团队配置。行业不同，略有差别。

②感情。演讲人最好能精神饱满地将企业精神、创业激情展现出来，不是单纯地平铺直叙，而是生动有趣地呈现。例如，2008年在苹果公司MacBook Air发布会上，乔布斯在台上从信封里把纤薄的笔记本电脑拿出来。该动作异常简单，却比千言万语更加令人印象深刻。

（3）说出痛点，讲出亮点。如同小说有悬念、跌宕起伏，才好看，故事有亮点，听众才会喜欢听。如果企业产品切实解决了用户的某些痛点和需求，必须强调出来。例如，小米MIUI8的发布会，只用了两句简短的文案，说明了MIUI8能解决的用户痛点。这两句文案分别是："阅读时来了条消息，回还是不回？""自由切换聊天和阅读？"简洁明了，接地气。同时，还要结合行业特点来突出企业优势，比如：产品技术、核心团队、市场渠道、商业模式等。例如，高科技行业的最大亮点是技术领先、比竞争对手强大；互联网企业，最大亮点是"如何解决痛点"。

（4）图标、数据并茂，文字需简明。图表和数据的使用，会让PPT更加直观而有力量，增强效果。路演时，需要演讲人自己去表达，因此，不能有大段的文字描述，应该以简单明了的图表、数据来表达，配以简短的总结性、强调性文字。例如，现在常见的各种互联网产品发布会（如谷歌），所用PPT就是以图片或简短文字的形式展现的，感觉直观，颇具冲击力。详细的数据，可以明确地告诉投资者，所在行业的发展趋势、同竞争对手的比较优势、历史财务情况及未来几年的盈利预测等。

（5）深度了解所处行业。对自己关注的行业，投资者一般都了解得比较全面，但对细分行业，就不一定了解得很透彻。要想打动投资者，企业就要对所处行业有全面且足够的了解。需要注意的是，路演时，时间有限，尽量不要泛泛地去谈产业概念、追风口，要切实讲出所处行业的现状、企业所处阶段、上下游情况、进入壁垒、市场竞争对手等。

2.路演的技巧

从路演的操作规程来看，并没有必须遵守的、固定统一的模板。企业要根据融资计划的特点，结合投资者的实际情况，安排路演内容。下面几方面是路演的重点：

（1）路演主讲人。路演主讲人最好由企业高管担任，负责介绍基本企业情况，为路演的后续内容定下基础。为此，主持人要性格开朗、语言能力强、熟悉企业整体情况，记住：只有流畅和充实的介绍，才能增强投资者的印象。

（2）模拟演练。在路演过程中，投资者会对主讲人提出问题，其中不乏专业性问题，也可能是精心设置的“古怪”问题。在路演之前，企业必须提前将可能提出的问题进行总结归纳，并根据这些问题精心模拟演练。路演团队中的每个人都要接受不同针对性内容的模拟演练，根据演练过程中的回答记录，形成具有说服力和感染力的标准答案，并将这些标准回答作为官方答案。这样，在路演中，无论投资者提出何种问题，都能得到事先准备好的成熟答案。

（3）注意事项。路演不是依靠少数人就能成功的项目，必须在中介机构帮助下，进行周密安排。

首先，要制作好路演行程表。路演活动时间有限，参演团队繁忙，只有事先制作好路演行程表，才能确保高效无误。

其次，准备好路演相关的资料内容，包括：中英文版本企业推介画册；中英文版本产品说明书；产品技术分析、市场分析、募集资金可行性分析报告；中英文幻灯片、幻灯片彩印册；中英文解说的推广录像带；企业文件的封套；赠送的礼品袋、文件袋等。

最后，明确路演演讲的要点与次序。中介商自我介绍后，介绍企业创始人或董事长履历；随后，由创始人带领团队，向投资者表示感谢，并由企业主讲人介绍有关信息，同时播放幻灯片或录像带；最后，安排路演团队中管理层代表简单介绍情况，并回答投资者问题。

四、找对投资者才是关键

信息爆炸的时代，企业可以通过互联网等渠道找到投资者、投资机构，甚至可以通过微博、微信等轻松地找到知名投资者的邮箱、电话等。除了互联网，企业还要多参加一些行业峰会，结识更多的投资者。

1. 找到投资者是关键

为了找到投资者，获取投资的成功率，作者给大家介绍几点经验：

（1）找对合适的投资层级。很多企业都有这样的想法：在基金中找越高层级的人成功率越高。其实，这是不对的。一般来说，早期项目高层级的投资者是不会去看的，因为他们每天都会获得巨大的信息量，除非你有特别好的项目且与他们有特殊的沟通渠道，否则根本见不到高层级的人。多数企业都没有这样的特殊通道，可以直接去找投资经理。

通常，一个投资机构中会分为3~4个层级，从合伙人到董事总经理、VP、MD，最后是投资经理。对于初创项目来说，不要直接去找合伙人、董事总经理，高职位的投资者可能觉得项目小，而忽视你。找投资经理，最多到VP就可以了。投资经理这一关都没过，也就不用再找更高的层级了。

不过，找投资经理也不要“一棵树上吊死”，可以同时多找几个。因为即使是投同一领域的投资经理，也会因为个人的性格不同、喜好及经历迥异，以及当时状态好坏等因素而影响对你项目的判断，同时找几个人一起洽谈，是提高中标概率的重要方式。

（2）从找熟悉的领域入手。任何基金，都会设立几个主要的投资者，虽然绝大多数基金都表明自己没有投资领域的限制，但内部一定会设立核心投资领域和方向。所以，要了解哪家基金的核心投资领域是与自身所匹配的，同时也要明确这家基金中哪个团队是和自己所匹配的。因为在一个基金中，各团队都有明确的分工，有的投资TMT，有的投资医疗，有的投资大消费……只有找对基金和团队，工作才能事半功倍。

（3）找对投资机构。企业要先考虑自身的发展阶段，然后选择投资机构。比如，如果属于早期项目，就要寻找专门投资早期项目的基金，当然也可以去找那些早中晚期项目都投资的大型基金；反之，如果所找的基金和企业发展阶段完全不符，就很容易失败。

2.哪些渠道可以找到投资人

投资人到底在哪里呢？哪些渠道可以找到投资人。

（1）报刊杂志媒体。在各种报刊、杂志、网络媒体中，会出现大量投资者寻找项目的信息，企业融资完全可以刊登一些广告，来主动寻找投资者。各地方的本地报纸广告，是投资者的首选，他们都会习惯地阅读这些报纸，不仅喜欢在上面发布信息，也容易注意到上面发布的信息；二来由于是在本地，思维习惯比较接近，与本地投资者沟通成本很低。通过报纸等，一般可以找到当地的投资者。举个例子，企业可以找一个本地报纸，在上面的分类广告栏目上刊登一个月的找合作广告，本地投资者肯定会找过来。

（2）参加各种相应的聚会。参加各种创业性、投资性的聚会，也能认识投资人。因为很多找项目的投资人都愿意参加这种聚会。需要指出的是，参加这样的聚会必须经常性、持续性，仅参加一两次，并不能找到合适的投资人。这种活动一般以本地为宜，为了管理方便，投资人通常不会投太远的、非熟人或非熟人介绍的项目。

（3）多结交各界朋友。平时，也要利用一切手段和途径来结交各界朋友。俗话说，多个朋友多条路，朋友越多，人脉圈子就越大，认识投资人的机会也就越大。需要注意的是，不一定要结交有钱的朋友，有些人虽然没钱，但认识很多投资者。事实证明，很多成功人士除了忙于正常的工作和生意，大部分业余时间都用在了广交朋友上。

五、别因融资丢失了自己的控制权

股权融资，是现代企业做大做强必不可少的一环。但是，不能否认的是，股权融资意味着公司的控制权发生变化，当创始人的股权稀释到一定程度时，控制权就会受到威胁，甚至可能发生企业做大做强了但创始人被踢出局的“悲剧”。比如，1号店。

2008年，于刚和刘俊岭创立了1号店，当年全部销售收入为417万元，表现出了强劲的发展势头。

2008年年底至2009年的金融危机，1号店资金出现短缺。当年年底，于刚开始寻找投资机构，偶然间认识了平安集团董事会长马明哲。

2010年5月，平安出资8000万元收购1号店80%的股权，于刚及其创始团队大权旁落，彻底失去了对1号店的控制权。

2011年5月，平安将1号店20%的股权作价6500万美元出售给沃尔玛。沃尔玛逐步从平安手中授让1号店51.3%的股权。

2015年7月，于刚和刘俊岭宣布离职，沃尔玛全资控股1号店。

公司控制权包括两个层面：一个是决策层面的控制权，主要针对股东会决策而言；另一个是经营层面的控制权，主要针对董事会决策而言。因为融资而丢失了控制权，也就失去了融资的最初意义。

因此，在融资过程中，一定要控制好权利的掌控。

1.股东会层面

（1）保证表决权比例。一般情况下，如果在公司章程中没有特别约定“同股不同表决权”，股东拥有多少表决权，要看该股东持有多少股权。如表11-2所示。

表11-2　股东权利说明

权利	比例	说明
绝对控制权	持股67%	《公司法》规定：有限责任公司的股东会一般决议，通过方式由有限责任公司的公司章程自行约定。有限责任公司的股东会特别决议，必须经代表（全部）2/3以上表决权的股东通过。所以，只要某一位股东拥有公司67%的股权，那就意味着该股东就拥有公司的绝对控制权。这位股东可以在其他股东反对的情况下，做出修改公司章程、解散公司等重大决策
相对控制权	持股51%	《公司法》中只对股份有限公司过半数表决有相关规定，对有限责任公司没有相应规定，而是让股东们自行通过公司章程确定。实操中，股东在自由约定各类条款时，经常会在条款中约定“需过半数以上表决权的股东同意”“需半数以上/1/2以上的表决权的股东同意”。这种情况，对公司有一般决议的控制权，只需要达到51%的持股比例即可
一票否决权	持股34%	持有67%的股权，可以决定公司生死存亡。一旦某位股东持有了34%的股权，股东就能拥有对公司重大决策的一票否决权，即使其他股东联合要求公司修改公司章程，只要持有34%股权的股东投否决票，其他股东就无法修改公司章程

在股权融资过程中，一定要注意不要出让太多的股权，以防股权比例太低丢掉控制权。

（2）限制投资者特权。除了要求更多的股权比例之外，投资者还会要求些许特权，比如，“公司对外投资、融资必须经过投资者同意”等。创始人一定要将这些特权限制在一定范围之内，尤其是一些涉及公司运营、长远发展的事项，最好不要给投资者特权，以免失去公司的控制权。

2.董事会层面

在投资者进入公司后一般会要求：①委派董事加入董事会，②要求董事会决议一票否决权。

董事会是公司实际运营的掌舵手，决定了公司将来的发展，不管是创始人，还是投资者，都想要董事会的控制权。

很多初创期甚至成熟期的公司，因为投资者在董事会中掌握的一票否决权，最终导致失败。原因很简单：投资者委派的董事出于各种原因，过多地干预公司具体运营，而该董事对公司发展方向的理解往往是和创始团队不一致，非常容易引发冲突，而这种冲突属于理念层面，基本上不可调和，公司运营会出现重大的问题。

关于董事会决议一票否决权，企业一定要注意：能不给就不给，即使要给，也要对一票否决权生效的范围进行明确约定。

六、不要让信用影响了融资

经营好信用，就能稳定信用增值，良好的信用可以无限放大。运用良好的信用去融资，就能解决中小企业缺资金、融资难等问题。

在当今发展的中国，普及信用教育，规范和正确使用信用卡，维护家庭和个人的良好信用，事关个人成长和企业发展。通过信用教育，能改变中国的财商观念。大家不但可以用良好的信用发展企业，也可以用良好的信用去做慈善公益，回报社会，为中国梦、民族复兴添砖加瓦。

同样，在融资过程中，也要重视个人信用对于融资的影响。那么，如何才能经营好个人和企业的良好信用呢？在此和大家分享我的个人经历。

1.寒门学子669分考入人民大学

2004年，高考成绩公布后，我最终以669分的成绩被中国人民大学国际贸易专业录取。欣喜之下旋即陷入了筹集学费的苦恼之中。

毕竟在初中升高中时，我曾报考了遵义航中，拿到录取通知书后，经四处筹钱，始终因未凑齐书学费而放弃读航中。在桐梓一中读书期间，我一边努力攻读，一边坚持周末上街登“黄包车”、做家教等赚取书学费和生活费，甚至还在寒暑假期间四次下煤窑挖过煤。

此时，捧着中国人民大学录取通知书，我深深感受到既喜又忧的难受滋味。喜的是经过努力，终于考出好成绩被中国人民大学录取；忧的是高中三年，贫困的家庭都是费尽九牛二虎之力，马上就要去北京读四年书，这么大一笔书学费和生活费上哪去找呢？

转眼开学的时间就要到了，父亲当着母亲和几个弟弟的面，将一沓满含亲朋好友期盼的学费借款递给了我，我细细数了好几次，总共是3000元整。但在临出门时，望着妈妈那干瘦的面庞，我更加深刻感受到这个家庭对我的巨大付出。我挣脱了紧抱自己的母亲，扑通一声跪了下去，并从借来的3000元钱中抽出1000元，硬塞进母亲的手里，并含泪对家人说，儿子一定尽全力读完大学，一定要为这个家争气。说完便含泪跑出家门，一路奔出村子。

2.做家教结识企业家获帮助创业

在中国人民大学上学之初，我时刻都能感受到生活的拮据和盘算生活开支的忧愁。在第一学期即将结束时，我总算适应了北京的生活，并调整好心态，准备一边读书，一边勤工俭学打点零工挣来凑齐书学费和生活费。

学校领导得知了我的情况，特地安排我为学校食堂收拾卫生和清洗学生餐具、为学校老师看护停泊的车辆以获得相应的报酬。并且在同学们的帮助下，我很快就找到了6个家教对象。于是，每天上完学我就挨个为6个学生家教。如果某个周末还有富余时间，我就傍晚走上街头，弹起吉他当起街头歌手。这样的生活虽然辛苦，但这段时光我过得还是很快乐的。甚至我还能有一些盈余的积蓄可以寄回家补贴三个弟弟的书学费。

在做家教时，我的家教学生任雪峰成绩突飞猛进，并以高分去英国留学。他的父亲任大哥也成了我的好朋友，作为成功企业家，他提出愿意以教我创业做生意作为回报。大三时，我在任大哥的帮助下开始涉足金融、演说、百货等，直至我完成本科和硕士研究生学业。经过这几年接触金融、演说和创业实践，我有了新的打算。2009年，我从亿阳集团辞职出来，经过几年的打拼，终于创办自己的“北京亿进强科技有限公司”。公司以多品种经营和薄利多销的原则，赢得了广大客户的信任和好评。

3.花200多万元巨资学金融财商

创业之后，从2013年开始我便开始写《销售圣经》心得等金融、财商方面的文章，在业界引起强烈的反响和共鸣。

近年来，我更专注于寻找学习机会。每当获悉国际和国内有知名金融和创业课程时，我总会想方设法报名参加。几年来，参加过的国际国内60多场励志、创业、金融等精品课程。几年来，花在参加培训学习和拜名师学艺的资金就高达200多万元。“功夫不负有心人”，如今，所有的付出让自己成长为一名出色的财商管理教育专家和金融界金牌讲师，这让我倍感欣慰。

4.回乡发展金融教育助企业成长

2015年，我从北京回到贵州发展，创办贵州亿融企业管理咨询有限公司，并开办亿融金融商学院。立足遵义面向贵州进行财商管理、投资理财和信用教育。把自己在北京等全国各地积累的好思想和先进理念带回遵义进行普及，帮助遵义及贵阳、重庆等周边地区的中小企业经营好信用，用良好信用去融资，走出缺资金和融资难的困局。

为了更好地助力新常态下企业发展的新路径，在“十三五”开局良好势头的感召下，在全国开展系列的新经济论坛等，无不都在为民营创新企业和园区对接国家战略、产业政策发力，建立从中央部委到地方省市政府资源和行业专家、行业巨头的智库平台，为企业转型升级、推出新的商业模式和技术支撑，快速推进项目进展、市场推广、促进合作、品牌公信力影响力深入人心。

遇到这样好的形势，信用教育、创业激情等融入这样的大格局当中，就可能带动大发展。这样的契机正是我梦想立足遵义面向贵州以一线城市的观念树立信用教育管理系统的新标杆，为遵义乃至贵州的经济发展贡献力量。

第十二章　跟名企学融资

一、用“比尔·盖茨期权融资法”，锁定员工和客户

“比尔·盖茨期权融资法”告诉我们，只要在内部锁定员工，在外部锁定客户，在民间锁定投资者，并用“类金融”将他们的现金锁定，即使是零利息，也能将天下资金为我所用！

2019年，“双11”是腾讯成立18周年纪念日，马化腾宣布，为了纪念公司成立18周年，向每个员工授予300股腾讯股票，授予股票总价值约为17亿港元（约15亿人民币）。其实，这并不是腾讯首次给员工股权，从2007年开始便制定了长期持续的股权激励规划，向打算在公司发展、绩效表现优秀的骨干员工提供股票期权，让员工分享到公司的业绩增长，使员工将个人利益与公司长远利益紧密结合在一起。

2007年，腾讯宣布进行股权激励计划，根据该计划，股份将由独立受托人购入，成本由腾讯支付，计划由采纳日期（12月13日）起生效，有效期为十年。

2008年，腾讯发布公告称，董事会打算向184位员工授出101.605万股新股，作为奖励股份。8月29日奖励股份市值约6807.535万港

元，平均每人收到奖励股份市值约37万港元。

2009年，腾讯向1250位员工发放了818.118万股股票奖励，约占发行股本的0.453%。当时，腾讯共有约5千名员工，股权激励的员工占了约1/4。

期权激励是对员工进行的一项长期激励，是股权激励的一种典型模式，授予对象主要包括两类：一类是公司高管。这类人群在公司发挥着举足轻重的作用，掌握着公司的日常决策和经营，是激励的重点；另一类是技术骨干。比如，授予高管一定数量的股票期权，高管可以用事先约定的价格购买公司股票。当公司股票价格高于授予期权所指定的价格时，高管就能以市场价格卖出，从而获利。由此，高管也就有了提高公司内在价值的动力，他们工作起来定然更加积极肯干。

同样，用这种方法还能成功地将客户吸引到自己身边，保持稳定的客户，不致流失。

1.期权要点

期权是一种合约，拥有期权，就能在某一特定日期或该日之前的任何时间以固定价格购进或售出一种资产。期权定义的要点如下：

（1）期权的标的物。期权的标的物是指，选择购买或出售的资产，主要包括：股票、政府债券、货币、股票指数、产品期货等。期权是这些标的物“衍生”物，也叫作衍生金融工具。值得注意的是，期权卖方不一定拥有标的资产，可以“卖空”；期权购买人也不一定确实想购买资产标的物。因此，期权到期时，双方不一定要进行标的物的实物交割，只要按照价差补足价款即可。

（2）期权的到期日。双方约定的期权到期的那一天，就是“到期日”。如果该期权只能在到期日执行，就是欧式期权；如果该期权可以在到期日或到期日之前的任何时间执行，则称为美式期权。

（3）期权的执行。依据期权合约购进或售出标的资产的行为，就是“执行”。在期权合约中约定的、期权持有人，购进或售出标的资产的固定价格，则是“执行价格”。

（4）期权是权利。期权合约至少涉及买方和卖方两方。持有人享有权力，但不需要承担相应的义务。

2.期权的价格

既然有期权的买卖，就会有期权的价格。通常，我们将期权的价格称为“权利金”或“期权费”。

权利金是期权合约中的唯一变量，期权合约上的其他要素，如执行价格、合约到期日、交易品种、交易金额、交易时间、交易地点等，都是事先在合约中规定好的，是标准化的；而期权的价格是由交易者在交易所里竞价得出的。

期权价格主要由内涵价值、时间价值两部分组成，如表12-1所示。

表 12-1　期权价格组成说明

组成	说明
内涵价值	内涵价值是指，立即履行合约时可以获取的总利润。具体来说，可以分为三种：实值期权、虚值期权和两平期权。 （1）实值期权。看涨期权的执行价格低于当时的实际价格，或看跌期权的执行价格高于当时的实际价格时，该期权为实值期权。 （2）虚值期权。看涨期权的执行价格高于当时的实际价格，或看跌期权的执行价格低于当时的实际价格，该期权为虚值期权。当期权为虚值期权时，内涵价值小于零。 （3）两平期权。看涨期权的执行价格等于当时的实际价格，或看跌期权的执行价格等于当时的实际价格，该期权就是两平期权。当期权为两平期权时，内涵价值为零
时间价值	期权距到期日时间越长，越可能发生大幅价格变动，期权买方执行期权获利的机会也就越大。与较短期的期权相比，期权买方对较长时间期权的需要付出更高的权利金。值得注意的是，权利金与到期时间的关系是非线性的，而不是简单的倍数关系。期权的时间价值，会随着到期日的临近而减少，期权到期日的时间价值为零。期权的时间价值反映了期权交易期间的时间风险和价格波动风险，当合约为 0% 或 100% 履约时，期权的时间价值则为零

3. 期权合约的数量

新上市的期权合约包括两种，一个是认购，另一个是认沽，四个到期月份和五个行权价的相互组合，共40个期权合约。

认沽和认购的区别在于：

（1）概念意义不同。所谓认沽就是，权证持有人在约定的日期按约定的价格出售对应的标的证券，给权证创设方。认购，则是在约定的未来日期出售约定的标的物。

（2）到期价值不同。“购”就是购买，“认”则是“承诺”；认购就是认买，承诺买；认沽则是认卖，承诺卖。二者的到期价值不同，认沽权证是熊市买的，认购权证是牛市买的。

（3）拥有权力等级不同。认沽价格，就是在认股权证到期（行权期）时，你有权力按照这个价格卖出对应的股票。如果持有的认购权证的行权价格比对应股票价格低，要行使这项权利，则要高买股票、按照更低的行权价格卖给公司。可见，行权意味着更大的损失。

（4）风险价值不同。认沽本身不含任何价值，其价值在于：下跌时，至少可以按照认沽价格卖出股票，是空头市场的一个做空性质的避险工具。买入认购权证时，首先要看认沽价格，再看对应的股票价格和行权期限，买认沽权证风险要远大于买认购权证。

（5）对流通股股东的补偿不同。正股股价下跌时，认沽权证的价格会上涨，会对流通股股东的损失给予补偿，从而降低流通股股东的盈亏平衡点；而认购权证能让流通股股东在未来可能的业绩增长中分得一杯羹，但是，如果股价贴权，就无法在短期内给流通股股东多少补偿。

4.期权合约条款

股票期权包括两个：一是以单只股票为标的的个股期权；另一个是以跟踪股票指数的ETF为标的的ETF期权。

（1）个股期权。个股期权是指，交易所统一制定、规定合约买方有权在将来某一时间以特定价格买入或卖出约定标的证券。买方只要支付一定数量的期权费（也称权利金），就能拥有这种权利，但不用承担必须买进或卖出的义务。卖方收取了一定数量的期权费后，在一定期限内必须无条件服从买方。个股期权合约的条款包括：合约标的名称（代码）、期权类型、合约单位、到期月份、行权价格、行权价格间距、最后交易日、行权日、行权交割方式、交割日等。

（2）ETF期权。ETF期权是指一种在未来某特定时间，以特定价格买入或卖出的交易开放性指数基金的权利和合约。与个股期权不同的是：ETF是指数型基金；ETF期权对冲的对象是“一篮子”股票；ETF停牌的概率远小于个股，且抗操纵性更强；ETF价格波动性通常弱于个股；ETF可以通过申购、赎回等方式间接实现“T+0”交易，有助于投资者套利。

二、用“麦当劳连锁复制法”，让别人心甘情愿地免费供你使用

很多人都知道麦当劳，但对麦当劳的盈利法则却知之甚少。其实，麦当劳制胜的关键就在于连锁复制法的运用，即让别人心甘情愿地把自己的钱财、时间和资源都贡献出来，免费给你使用。麦当劳的赚钱路径主要包括：房地产营运收入、从加盟店收取的服务费和直营店的盈余。

1.房地产经营策略

加盟者一般都没有足够的资金支付3万美元的土地费用和4万美元的建筑费用，也无力争取贷款，麦当劳就代替投资者寻找合适的开店地址，并长期承租或购进土地和房屋，然后将店面出租给各加盟店，

获取其中的差额。这是麦当劳公司的主要收入来源。

资料表明，至20世纪80年代中期，在麦当劳的近万家餐馆中，60%的场地产权都属于麦当劳总部，另40%是由总部出面向当地房地产主承租的。由此，房地产收入也就成了麦当劳的主要收入，麦当劳1/3来自直营店，其余来自加盟店。其中，房地产收入占这部分收入的90%。

2.加盟店收取的服务费

采用超级连锁模式，一个小小的汉堡就能获得如此利润率，原因何在？加盟费的收取。

汉堡，很多门店都能做，也有质量高的，但是能将汉堡做成大规模的、稳定复制好的，只有麦当劳。这种运营能力已经超越产品本身，随着时间的积累，形成了消费者对麦当劳的品牌认知，如此就超越了运营系统；一旦进入无形资产经营的层面，就会形成生态，实现地产、金融的盈利衍生，并通过数字化放大，打通行业边界，实现无界连锁生态盈利。

现在，占最大比例的是品牌授权，无本经营，无本万利。随着品牌无形资产的进一步积累，通过品牌授权经营等逻辑，实现无中生有的无限盈利，进而形成有中生无、无中生有的一本万利的连锁循环系统。

麦当劳运用丰富的开店经验代投资者寻找合适的开店地址，并长期承租或购进土地和房屋，然后将店面出租给各加盟店，获取其中的差额。用土地和房屋抵押获得贷款，既能解决掉加盟者开店的资金困难，又可以增加麦当劳的收入。同时，店面的所有权或租赁权受到控制，对投资者的管理也更加方便。

只要形成对投资者的有力制约，麦当劳就能为投资者提供周到的扶持，收取的首期特许费和年金都很低，就能减轻分店的负担。

完备的员工培训体系也是麦当劳成功的另一大法宝。麦当劳成立第二年就建立了汉堡包大学。脱产培训主要由汉堡大学完成，汉堡大学也就成了分店经理和重要职员进行培训的基地。汉堡大学不但提供基本操作讲座课程，还对高管进行公司理念、提高利润的方式、房地产、法律、财务分析和人际关系等方面的培训。

近年来，无论是在美国本土，还是在世界其他国家，抵制麦当劳的运动不断出现。以麦当劳为代表的美式快餐被形容为高热量、缺乏均衡营养、容易导致肥胖和其他疾病的“垃圾食品”。但与此同时，麦当劳却依然以较快的速度发展，关键就在于连锁复制模式的运用！

三、用“华尔街复利倍增法”，让生意以2倍以上的速度增长

采用“华尔街复利倍增法”，只要投入小部分资金，就能收获较大大的产量，风险小，收益大，更能让你的生意每年以2倍的速度增长！

作为一个投资者，大部分人都理解“复利效应”这个概念。复利对应的是“时间杠杆”，而时间也是投资中最重要的元素。投资如同一场长跑，重要的不是某一段的速度，而是参与者能否以合适的速度达到终点。但是不同于长跑，投资是一场没有终点的长跑，跑得越

远，得到的礼物越多。

金融学上所谓“72法则”，用来估计将投资倍增或减半所需的时间，可以反映出复利的结果。“72法则”，以1%的复利计息，72年后本金将翻倍，最大的启发意义在于：只要知道复利的利率，就能直接估算出投资翻倍所需的时间。

复利曾被誉为“世界第8大奇迹”，甚至还受到爱因斯坦、巴菲特等人的推崇，证明了时间在投资行为中对回报的巨大影响。其实现实生活中，投资想要翻一番，根本用不着72年这么久。那么，这个法则究竟如何使用呢？

投资翻倍所需时间=72÷预期增长率

举个例子：

小王现在手里有10万元，出借中科在线的理财项目，期待年化利率按9%算，套用公式，这10万元要想翻倍成为20万元就需要：72÷9=8年，也就是说，如果他现在投，2027年就能收获20万元。

这时就会发现，随着时间的增长，越到后面，前面的数字越会变得忽略不计。

巴菲特90%的财富是在60岁之后获得的，每个普通人都生活在一个“三维度世界”。从二维度到三维度，是巨大的视角打开。二维度的蚂蚁永远在平面上爬，不知道身处的外部世界，限制人类从“三维度世界”向更高维度穿越的，就是时间。做时间的朋友，投资者就能实现资产最大限度地增长。

时间函数远比速度函数更重要！历史上最伟大的投资者，无论是巴菲特、伯鲁克，还是洛克菲勒和摩根家族，都享受了长期时间的复利。

“72法则”隐含着一个复利的概念。投入一笔钱后，每期的本金和利息都会成为下一期投资的本金，如此累计下去，就会获得一个本金翻倍的时间。只要将72除以投资回报率，就能得到资产翻一倍需要的时间。换句话说，要想让资产在10年内翻一番，投资回报率必须为：$72 \div 10 = 7.2$。

那么，如何利用复利投资？

1.进行适当投资

如果思想保守，可以选择银行定存，在当前降息的背景下，势必会影响复利的效应。所以，保持适当或较高的收益率是关键。因此，企业要根据自身的风险承受能力，进行合理的投资规划，不要将资金都放到一个账户中，只有进行多样化的投资，才可分摊风险并获得较高收益。

2.收益水平较高或稳定

对于多数投资者而言，要想获得较高或稳定的收益水平确实有点难，多数都是处于不高不低的稳健收益水平中。但是，如果能长期坚持这样稳健的收益，也能获得不错的回报。

3.投资要趁早

时间越长，复利的效应就越大。投资者应该尽早进行投资，最好有了工资收入后就进行。

后记

你所不知道的系统秘密

1.你知道员工为什么愿意在年底离职？——海底捞却没有发生过这种情况？

2.你知道新员工选择你的公司，其内心的真实想法是什么吗？——不是所有的员工都是因为薪酬而来的。

3.你知道为什么高工资却无法吸引人才？——如果工资与岗位不匹配，员工是不会来的。

4.你知道员工激活背后的运营机制吗？——钱可以解决一些问题，但不一定能解决所有问题。

5.你知道为什么说“技术人员靠管控、管理人才靠培训”吗？——岗位黏性不同、培养价值和周期也不同。

6.你知道为什么在公司有的人忙得要死、有的人却闲得要死吗？——工作分工不清晰，员工工作就没有方向。

7.你知道如何将公司的利润、目标和员工利益相挂钩吗？——组织构架不清晰、工作分析不量化、薪酬设计不具备竞争性、绩效考核没有激活性、培训没有流程、招聘没有针对性……如此，谈利润、谈目标、谈绑定、谈挂钩，都不切实际！有问题不可怕，可怕的是有问题却不想改、不敢改！